純喫茶のデコレーション

こだわりのインテリアたち

難波里奈

X-Knowledge

はじめに

純喫茶を訪れる時、皆さんは何を目的として出掛けますか？ 例えば、香り高いコーヒー、美味しい食事、魅惑のあまいもの、お店の方たちとの楽しいおしゃべり、置かれているたくさんの雑誌や漫画たち、気の置けない友人と過ごすリラックスしたひと時、ただのんびりと気持ちを開放する自分だけの時間…。純喫茶の楽しみ方、好きなところは人それぞれだと思います。

私が純喫茶の世界に夢中になった一番の理由は「そこでしか味わうことのできない空間」でした。先に挙げたものたちももちろん好きなのですが、最も惹かれるのは、店主の人生を懸けたといっても過言ではないこだわりを詰め込み、華美でありながらも時に唸らされるような緻密な細工など、現在では決して再現できない内装のもとで飲む1杯のコーヒーの楽しさです。コーヒーを飲むことだけが目的であるならば、自宅でも道端でも良いのかもしれません。しかし、長い間人々にもてなしと安らぎを提供してきた純喫茶という場所には、それ以上の付加価値があります。例えば、ゆったりとした座り心地の良いソファ、程良く効いた冷暖房、至れり尽くせりのサービス、店によっては高価な絵画を眺めることが出来たり、BGMとして流れるセンスの良い音楽を楽しむこともできるのです。扉の中に足を踏み入れたなら、そこには時を重ねたやさしい琥珀色の空間が存在しています。

そして一度その魅力にはまってしまうと、どんなに慌ただしい一日だとしても、どこかで時間を工面してそこを目指さずにはいられなくなってしまうのです。

本著で紹介した38のお店たちは、どちらも昭和の頃に開店した文化的価値を感じられる建築物であるところがほとんどです。お店の方々に話を伺ってみると、実際に訪れた時に目に映る以上のたくさんの驚くべき秘密を知ることができました。ご自分の思い通りの空間を作ろうとした決意、それを近くで見守ってきて後を継ぐことを決めたご家族の葛藤、続けていくということの大変さ…。それからというもの、物言わぬ建物たちが自分たちを誕生させた店主たちを大切に思い、少しでも長い時間一緒にいられるようそっと包み込んでいるかのように思えてきたのでした。

純喫茶が最も栄えていた「昭和」という時代が終わってすでに30年以上経過し、平成を経て令和となりました。しかし、時代が変わっても人々は癒しの時間を求め、コーヒーを飲んでほっとひと息つく瞬間はこれからも替わりがきかないのではないかと思っています。

思わずうっとりしてしまう38の美しい純喫茶世界を一緒に覗いてみませんか？

CONTENTS

STAFF

撮影／福田喜一　アートディレクション・デザイン／高木裕次（Dynamite Brothers Syndicate）　印刷・製本／図書印刷

記載されている内容は2018年7〜9月、2023年9〜10月取材時のものです。／休業日は定休日のみを記載し、臨時休業やお盆、年末年始は除きます。／詳しくは各店舗へお問い合わせ下さい。※本書は2018年12月に発刊した『純喫茶の空間 こだわりのインテリアたち』を加筆修正の上、再編集したものです。

TOA COFFEE CHAIN-STORE
コーヒー
キャンディー
¥100

2階層になった地下。地上階と合わせて200席ほどある広々とした店内ですが、どこに座っても名曲を楽しむことができます。

「琥珀」を意味する店名で、コーヒーや紅茶でひと息つく時間を想像させるらんぶるは、常に多くの人で賑わっている新宿のオアシス的存在です。終戦から間もない頃、海外への憧れがあった初代ご夫婦がクラシック音楽を聞くことの出来る喫茶店を開きました。創業してから2度建替えられていながらも昭和の雰囲気を色濃く残す店内の魅力は、1階の入口からでは想像がつかず、地下2階に降り立った時に広がる視界で実感するのです。まるでどこかの舞踏会場に迷い込んだかのような大きな階段、赤いビロードのソファ、幾何学模様のタイルの床、吊り下げられた豪華なシャンデリアなど、どこか非日常な雰囲気が漂っています。家具が古くなってしまった際、新しいものに買い替えるほうが安いにも関わらず、「お客様に昔と変わらない

変わりゆく新宿を見守り続ける存在

長居してもいいよう座り心地にこだわったソファは、建替え前から大事に使われているもの。

雰囲気を楽しんで欲しい」という思いから、修復して使うことを選んだというこだわりも。

現在、3代目店長を務める重光さんは「ここでは少し格好を付けて、役者になった気分で過ごしてほしい」とおっしゃいます。初代から引き継がれている「街の文化は喫茶店から」という信念が浸透しているためか、老若男女、様々な人たちがここではくつろいでいるのです。また、夜が長いこの街では夜11時までの営業もありがたく、これからも様々な人たちの「居場所」であり続けるのでしょう。

DATA

住 新宿区新宿3-31-3
電 03-3352-3361
営 8:30～20:00
休 なし

PICK UP MENU

ブレンドコーヒー …………… ¥800
コーヒーゼリー …………… ¥950

1

2

3

4

1 高い天井にシャンデリアが吊られた豪華なつくり。2 地下2階の壁は鏡張りで、店内を広々と見せてくれます。3 地下階の入口のドアに貼られているステンドグラスのシール。4 名曲喫茶に似つかわしく、音楽家の銅版画も飾られています。

素敵な模様コレクション 01
壁紙

地下1階の壁際の席で、十字と花のようなモチーフが組み合わせられたカラフルな壁紙を見つけました。

清瀬
Coffee House
るぽ
since
1988

1

2

手描きのフォントも
かわいい

1 レンガ造りの壁と窓からの光が美しい1階席。正面の電話ボックスは今でも現役で使用できます。**2** 入口を入ってすぐ目に入る鏡。よく見ると枠には割れてしまったコーヒーカップが埋め込まれています。

時間帯を問わず魅力的な空間

映画やドラマにも頻出する三角屋根の外観、室内を照らすデザインの違うランプたち、バラの花咲くステンドグラス、時間を重ねた艶やかな赤い椅子、1階を見下ろせる吹き抜けの2階席、屋根裏部屋のようなときめきを感じる窓…。どの席に座ったとしてもスペシャルなひとときを過ごすことができるのは、1980年後半に創業したるぽ。店主の森尻安夫さんは創業当時から自家焙煎にこだわり、なるべく農薬を使用していない原種の豆を選ぶなど、良いものを見抜く力を大切にしています。「忙しい人たちの息抜きの場所となってほしい。たった10分間だったとしても前後のことを忘れられる、コーヒーはそんな存在だと思っているから。」と静かな笑みを浮かべる森尻さんは、開店から30年以上もの間ほぼ休みなく働いてきたそう。そんな

素敵な模様コレクション 02

ステンドグラス

あちこちの窓から光が差し込む美しいるぽの空間。その中でも要所要所に設置されたステンドグラスの可愛い柄には癒されます。

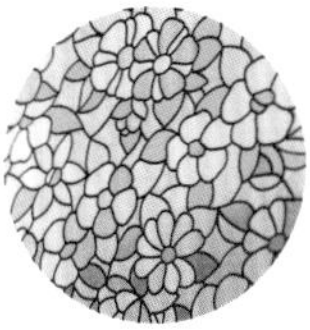

3 2階から降りる際に目に入る、バラ柄のステンドグラス。**4** 2階席の柵にはテーブルの位置に合わせて照明が。手元を優しく照らします。**5** 多種多様なカップ＆ソーサーが並ぶカウンターも見どころの一つ。

に多忙だからこそ、珈琲を飲みながら過ごす時間の大切さを知っているのかもしれません。「未来は変えられないけれど、準備して構えておくことはできる。一人では何もできなくとも社会が勉強させてくれるし、周りに助けられているね。」とどこまでも謙虚な姿勢。揺るぎない信念を持ちながらも、人や時代に寄り添っていけることは、実は一番の強さなのではないでしょうか。そんな森尻さんがいる空間だからこそ、一度訪れた人たちも何度も足を運びたくなるのです。

DATA

住 清瀬市中清戸5-201
電 042-491-9020
営 8:00~20:00
休 日

PICK UP MENU

ブレンドコーヒー ¥500
オムライス ¥960

渋谷
名曲喫茶
ライオン
since
1926

正面のパイオニア製のスピーカーは1950
年代にこの店のために作られた特注品で、
アメリカの雑誌でも紹介されました。

静寂と青い光の下、名曲に包まれる

純喫茶の世界に夢中になったはじめの頃、最も衝撃を受けたのが名曲喫茶ライオンでした。渋谷のネオン街の中にあるため、ここへやって来るのは大人びた行動に思えたものです。創業時の建物は戦争で焼けてしまい、現在の建物は戦後に渋谷で真っ先に建てられたもの。ヨーロッパ風の内装はほとんど初代店主の山寺弥之助《やのすけ》さんが手掛けたというから驚きです。

1階も2階も、正面のスピーカーに向かって同じ方向に並べられている椅子が特徴的。「帝都随一」と月毎に変わるパンフレットに記載されているように、美しい音が響きます。昔は2階のいちばん良い席に学生たちが陣取って音楽を聴いたそう。座ると姿が隠れる椅子に沈み込み、青色の光に包まれて、静かに音楽に浸るのです。

3代目店主を務めるチャーミングな石原さんは「映画を見て、ここでお茶を飲んで…っていうのがデートコースだったの。」と当時の様子を楽しそうに教えてくださいました。現在は撮影や大きな声での会話は禁止されているため、音楽に聞き入りながら静かに過ごせる場所として、開店と同時にやってくる人たちも多い人気店です。

そして、こちらにはもう1つ、裏側にも入口があることをご存知でしょうか？ かつて映画館が何軒もあった通りに面した、その秘密めいた扉を見つけてみるのもおすすめです。

DATA

住 渋谷区道玄坂2-19-13
電 03-3461-6858
営 13:00〜20:00
休 なし

PICK UP MENU

ホットコーヒー ¥650
レモンスカッシュ ¥820

1

時が止まったかのよう

1 装飾にこだわりが見て取れる裏口にもぜひ。**2** 2階と1階の間には手動の小さなエレベーター。メニューの札を下ろすと、飲み物が乗って戻って来ます。**3** 入口のライオンのエンブレムも初代のお手製。

2

3

素敵な模様コレクション 03

パーティション

裏口から入ってすぐ、階段の踊り場にあるパーティションは魚の鱗のような不思議な模様をしていました。

2階は吹き抜けになっていて1階の様子がちらりと見るためか、いっそう特別感を味わうことができます。

世田谷代田

世田谷邪宗門

since
1965

ランプや時計など、マスターが収集した骨董品で埋めつくされた店内は、混沌としつつもどこか落ち着く不思議な空間です。

1

2

1 レンガの壁に囲まれた席の隣にはアンティークの電話が。様々なものが飾られているので、どちらに座るか悩むのも楽しい。**2** 踏み絵に使われていたキリストの絵像など一風変わった骨董品も。

名店の系譜を汲んだ遊び心ある空間

かつて国立にあり、2008年に惜しまれつつも閉店した邪宗門のマスター 名和さんに惹かれた人たちが各地でのれん分けのような形で開いた邪宗門。全国に8店舗ありましたが、現在では荻窪・下田・石打・高岡、そして世田谷の5店舗となりました。「邪宗門」の名前を掲げるにはマジックができることが条件だそうで、世田谷邪宗門のマスター 作道さんもその1人です。

自宅を改装して作られた店内には、国立邪宗門を踏襲した部分が多く見られます。例えば、壁に飾られている火縄銃やキリシタンが使っていた刀のつば、天井から吊るされたたくさんの趣あるランプなど。開店当時は周辺が下宿街で、作道さんの「学生たちが集まれる場所にしたい」という思いの通り、深夜まで談話していることもよくあったそうです。そんな居心地のよさに

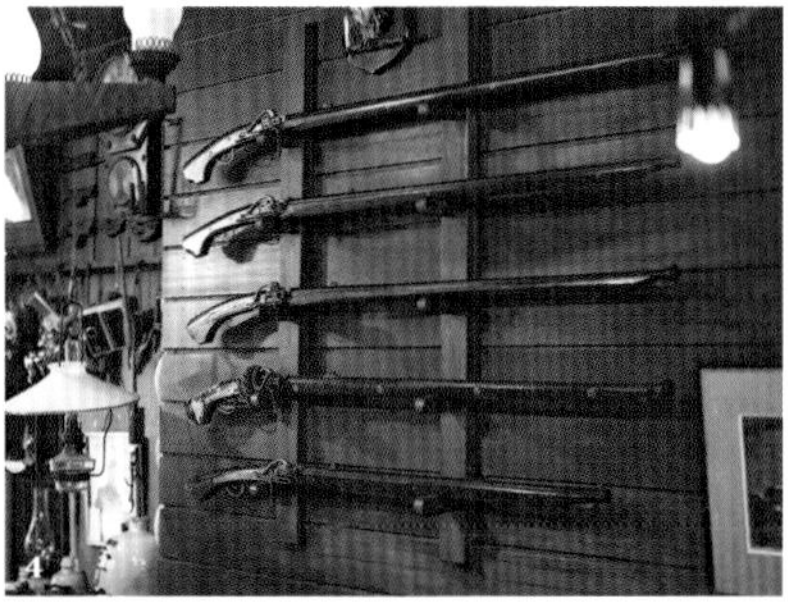

素敵な模様コレクション 04

壁に飾られたお皿

陶器のお皿はお客様から海外旅行のお土産でいただいたものだそう。青いアラベスクのような模様が素敵です。

3 店内入って左手の窓際は、森茉莉さんのお気に入りだった席。**4** 壁に並んだ火縄銃も、国立邪宗門を踏襲したもの。**5** ジュークボックスで、奥さまのお好きな美空ひばりを流すことも。**6** 昭和30年代頃の扇風機。淡い緑色も懐かしい雰囲気を感じます。

惹かれ、森茉莉、よしもとばな、萩原葉子といった名だたる作家たちも常連客に。最近では、人気アニメに登場する店のモデルになり、海外から訪れる人も増え、閑静な住宅街の新しい観光地となっています。

混雑していない時間帯であれば、お願いすると披露して下さる作道さんのマジックを楽しみながら、名物メニューの「コーヒーあんみつ」を、ゆったりとした時間の流れを感じることのできる空間と共に味わうのはいかがでしょうか？

DATA

住 世田谷区代田1-31-1
電 03-3410-7858
営 月～金 9:00～17:00
土～日 9:00～18:00
休 水木

PICK UP MENU

オリジナルブレンド ………… ¥550
あんみつコーヒー ………… ¥800

※営業時間などはXアカウント「世田谷邪宗門」(@jashumon_coffee) で発信中

四ツ谷
ロン
since
1953

1階と2階を繋ぐ開放的な吹き抜けのおかげで、どこからともなく聞こえてくる話し声も心地よいBGMになるのです。

スリット窓は池田氏のこだわりの一つ。また店内を広く見せるため、天井には少しの傾斜がついています。

喫茶利用する人のみならず、建築を学ぶ人たちも多く見にやって来るという四ツ谷駅前のロン。佐賀県立博物館などを手掛けた高橋靗一《ていいち》氏に師事した池田勝也氏の設計です。近代的な打放しのコンクリート壁は、当時としてはまだ新しい表現だったそうです。店内へ続くこの壁は、木の型枠でつくられたので、よく見るとうっすら木目が。床や壁にも丁寧な技術が使用されているため、今では修復できる職人もほとんどいないそう。

「この建物や内装の雰囲気を維持することが第一。けれど使命感ではなくて、この仕事が好きでずっと続けているんです」と、2代目マスターの小倉さん。震災のときには帰宅困難者の方を招きいれてあげたそうで、喫茶店という場所で作られる人のつながりを大切にしていらっしゃることが伝わってきます。

今ではロンになくてはならない存在の特注品の椅子には、実は壁の色に合わせた黄土色を頼むつもりが張替えの際に間違えてワインレッドにしてしまったというお茶目なエピソードが。コーヒーでもクリームソーダでも映えるシックな色合いはいつ見ても美しく、飽きることがありません。文豪も好んだというレモンの風味がアクセントのミルクセーキを片手に、窓の向こうに視線をやってただぼんやりする時間を求める人たちは、これからもますます増えていくのでしょう。

DATA

住 新宿区四谷1-2
ロンビル1F·2F
電 03-3341-1091
営 11:00〜18:20
休 土日祝

PICK UP MENU

ブレンドコーヒー ………… ¥700
タマゴサンド ………… ¥850

往来と美しい建築を眺めるひととき

1

2

1 螺旋階段を登って、吹き抜けからの眺めを楽しめる2階へ。**2** 椅子と机の高さは、机が少し低くなっていて、勉強机のようなバランスのよさがないのが大事なポイントなのだとか。

素敵な模様コレクション 05

入口の壁

長年のヤニで木のようにも見える打放しコンクリートの独特の質感が、洗練された建築作品に味わいを与えています。

東大前
こころ
since
1955

2階席の大きな窓からは本郷通りが臨め、美しい銀杏並木と歴史を感じさせる東京大学のレンガ塀を楽しむことができます。

2

1 たばこやコーヒーの煙で琥珀色に染まった壁に、ツートンカラーのソファがよく映える1階席。壁際にはお客様から頂いたものたちが並べられています。**2** こちらの西洋人形はお客様の手作り。

本郷通りを臨む、東大生の憩いの場

東京大学赤門の向かいで、何十年もの間、学生たちのもう1つの教室のような場所であり、憩いの時間を提供し続けているこころ。その店名は夏目漱石の小説から付けられました。現在こころがある建物は、新宿中村屋発祥の地で、「中村屋パン店」があった場所だそう。

落ち着いた照明の光に包まれるような空間で、艶々した緑と青の2色のソファに沈み込む至福のひと時を過ごすことが出来る1階席。その居心地の良さは、常連客の教授たちからも「ここの椅子とテーブルは何時間座っても疲れないから変えないで欲しい！」と言われているほど。また、予約があった時や、団体客のために解放される2階は、大きな窓から銀杏並木を始めとした移り変わる季節を眺めることができる特等席。店内にあるものは綺麗好きなママが

3

5

6

4

素敵な模様コレクション 06

レジの後ろの壁

板にレザーを張って中に綿を入れたものを、1つ1つはめ込んで作られたこの壁は、宮大工の技術なのだとか。

3 お客様からいただいたというポスター。**4** ステンドグラスは「ついつい拭いてしまうのよね。」と、しばしばママが掃除するため、少し色あせてしまうこともありますが、それも味わい。**5,6** 2階へ上がる際は美しくかたどられた階段の鉄柵を眺めながら。

きちんと手入れしているため、時間を積み重ねてもなお美しく保たれています。

訪れる人たちに明るく平等に接するママと、一見寡黙でありながらお話好きなマスター。「ここでは皆同じ。教授も学生も関係ないから。」と特別扱いをしないからこそ、普段は気を張って過ごしている方々もしばし現実を忘れてくつろげるのでしょう。ウインナーライスなど、一口食べたら懐かしい記憶を思い出すようなメニューを頂きながら、物思いに耽る愛おしい時間はいかがでしょうか？

DATA

住 文京区本郷6-18-11
電 03-3812-6791
営 12:00～17:00
休 土日

PICK UP MENU

コーヒー ¥380
ウインナーライス ¥620

※現在2階は利用できません

有楽町
ROYAL
since
1965

フランク・ロイド・ライトがデザインしたものを模したと思われる、美しく大きなステンドグラスが出迎えます。

最上階には回転レストランもあった、人々が憧れる最先端のおしゃれな場所だったのではないかと思える有楽町駅前の東京交通会館。その地下にあるROYALは令和となった現在も昭和の生き生きとした空気を纏っているお店です。当時、パスポートを発行できるのが交通会館だけだったため、交付を待つ人たちがひと休みするために訪れる場所でした。今では土地柄、商談や打ち合わせに使われることが多いそうで、会話の邪魔にならないよう、BGMをかすかに聞こえる程度の音量にする気遣いも。「純喫茶の落ち着いた雰囲気が好きで他店にもよく足を運ぶ」というマネージャーの野山さんにお話を伺うと、「実業家だった初代が、周りの人たちがやっていた喫茶店に影響を受けて、自分も始めようと思ったのでは

高級感漂う空間はまるでホテルのロビー

落ち着いた空間に映える真っ赤な椅子。インテリアや装飾は初代の頃からほとんど変わっていません。

ないか」とのこと。
小さな穴がたくさんあいたパーテーションポールの玉の部分は当時、中に電球を入れて暗かった店内に幻想的な雰囲気をもたらすランプのような役割をもったインテリアだったそうです。流行りのメニューを取り入れながらも昔ながらの良さをそのままに残すこの懐かしい空間は、足を踏み入れた誰をも癒すことでしょう。地上からこの店へ下る階段はきっとタイムマシーンで、ゆったりとした時間の流れの中、これからも佇み続けるのです。

DATA

住 千代田区有楽町2-10-1
東京交通会館B1F
電 03-3214-9043
営 月~金 8:00~19:30
土日 11:00~19:00
休 交通会館に準拠

PICK UP MENU

ブレンドコーヒー ¥500
ハニートースト ¥550

素敵な模様コレクション 07

奥の空間の壁

光を反射してきらきらと光る扇形の模様は、当時大きなシャンデリアがあったという店内奥の壁に使われています。

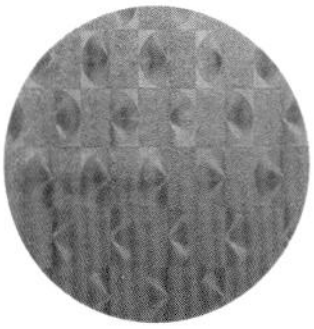

1

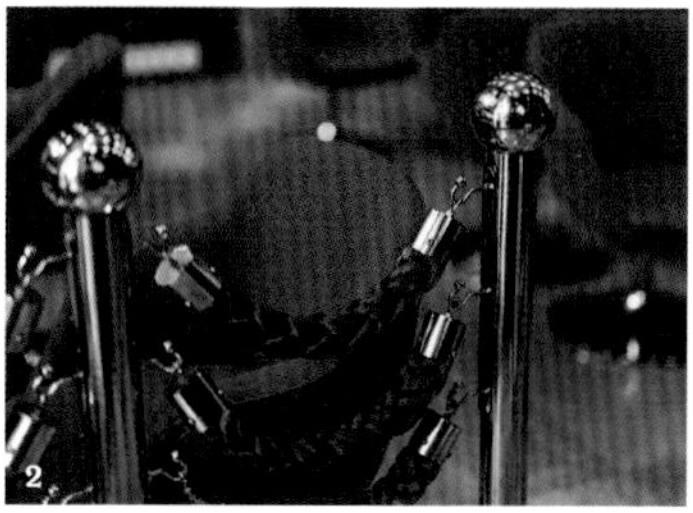

2

3

ぽっと灯った
昭和への入口

4

1 鉄で出来た天井の格子も「電球を替えるにも一苦労だよ」と野山さんを苦笑いさせる年代ものです。 **2** 一見、ただのパーテーションポールですが、中には仕掛けが。 **3** 店内は手前と奥の2つの空間に分かれていて、席数は100以上もあり広々としています。 **4** 黄色と水色の光が美しい看板。

都立家政
つるや
since
1969

池原義郎氏が設計。カーブを描く壁面などのモダンな内装と、燈篭や鶴の置物といった和風な庭がうまく融合しています。

和洋の美意識が調和した名建築喫茶

「純喫茶における一目惚れ」とはこういうことだ、と改めて実感したのは、程良く活気のある商店街の路地に佇むこちらのお店、つるやでした。現在店主を務める渡部みゆきさんは3代目。渡部さんの祖父母は昭和3年に銀座にて2階建ての喫茶「かえで」とスタンドバー「メロン」を始め、昭和44年に現在の店舗に移られたそうです。

　思わず息を飲むほど美しい店内は、西武ライオンズ球場などを手がけた建築家であり、渡部さんの叔父の池原義郎さんが設計。入口すぐの四角いくもりガラスが重ねられた大きな窓に加え、壁面もほぼすべて窓になっていて、その向こう側の整えられた庭から明るい光が差し込むため、訪れた時候を感じることができます。「大工泣かせ」と言われた天井は細く切った木材が敷き詰められ、アーチとアーチの間に埋め込まれた照明がやわらかな光を放ちます。開店当初から使い続けている椅子は山形県の「天童木工」のもの。また、渡部さんが一番気に入っているという放射状に石が並べられている出入口の床も必見。隣り合う石の目が縦と横で互い違いになるように組み合わせられている細やかなこだわり。

「娘や孫にもここを守ってもらえたら」という渡部さんの想いは届き、現在は4代目となる娘さんも夜の営業からお店に立ち、一緒につるやを守っていっているのです。

DATA

住 東京都中野区鷺宮1-27-2
電 03-3330-2170
営 月火金土 11:00~20:30
　日 11:00~15:00
休 水木

PICK UP MENU

コーヒー ¥500
懐かし昭和のクリームソーダ ¥700

2

3

コーヒーによる着色も味があります

1 木の窓枠はしなりがよく、震災の際もヒビ1つ入らなかったほど丈夫。 **2** 渡部さんもお気に入りだという入口の床。石の目に注目です。 **3** 時の流れを感じさせる電動のコーヒーミル。

素敵な模様コレクション 08

天井

細長い木材をアーチ型になるように敷き詰めた天井は、眺めるだけでその作業の大変さが伝わってきます。

入口から店内へと降りる階段脇はくもりガラスで、心地
良い自然光に包まれます。

入り口横に吊り下げられている装飾は、四角形や六角形の銅板の切れ端をクリップでつなげたもので、先代のお手製です。

目黒

コーヒーの店

ドゥー

since

1972

随所に感じるパリのエスプリ

賑やかな目黒駅前から2分ほど歩き、趣のある小道に入ると出会えるドゥーは、純喫茶を愛する人たちの間で「クロックムッシュ発祥の店」として知られています。元々喫茶店でアルバイトをしていた嵯峨さんは、一度は企業に就職したものの「組織が苦手でね。それにいつか自分の店を持ちたいと思っていたから。」と退職し、再び喫茶の世界へ足を踏み入れ、40年以上経ちました。

　先代が舞台俳優をされていたことから縁があったパリをイメージした店内には、当時には珍しく出窓があり、細やかなところまでこだわってつくられたことが伺えます。また、こちらの名物であるクロックムッシュも、先代がパリで友人に作ってもらった時に感銘を受けたことから加わったメニュー。バターをたっぷり塗ったパンにハムと

コーヒーはすべて、職人がローストした豆を嵯峨さんがサイフォンで丁寧に淹れてくださいます。

チーズのみ。シンプルな分、オランダ直輸入のゴーダチーズなど厳選された素材を使用しているため、一度食べると夢の中でも思い出してはおなかが鳴ってしまいそうな美味しさです。

子供の頃に憧れた屋根裏部屋のようなちょうど良い空間、1杯ずつ気持ちを込めて淹れられるコーヒー…。誰にも教えないで自分だけの場所にしておこうか、それとも誰かを連れていって、一緒に笑顔になろうか、そんな嬉しい葛藤をせずにはいられない、とっておきのお店です。

DATA

住 品川区上大崎2-15-14
高木ビル1F
電 03-3444-6609
営 13:00~19:00
休 金土日

PICK UP MENU

ドゥーブレンド ………… ¥530
クロックムッシュ ………… ¥530

素敵な模様コレクション 09

ランプシェード

ベニヤの壁に取り付けられた山際電気製のランプには、小さな花柄が。その繊細さに見入ってしまいます。

1

2

ゴッホの『夜のカフェテラス』

3

4

1 創業当時からある振り子時計。2 カウンターで目を惹くバラの一輪挿しは、いつの頃からか常連さんが持ってくるようになり、今ではお店のトレードマークになっています。3 壁には絵画が飾られ、ギャラリーのよう。4 斜めになった天井は、屋根裏部屋を意識したそう。

column 1

店名ロゴコレクション

店先で私たちを誘う看板、集めたくなるマッチにコースター。そこに描かれたお店オリジナルのロゴたちは個性豊かで秀逸なデザインばかりです。

筆でさらっと書いたように滑らか

A

B

C

D

各テーブルに置かれた紙ナプキンにも同じ柄が

F

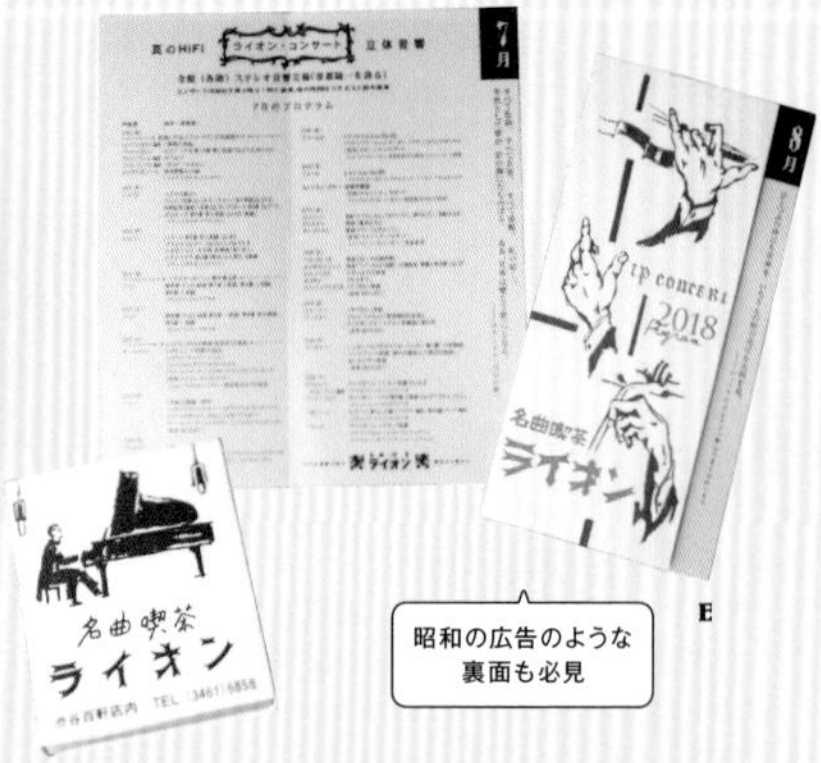

昭和の広告のような裏面も必見

E

E ライオン　p.18

月ごとに表紙と内容が変わる定時コンサートのプログラム。希望があればリクエストもできます。マッチにはピアノを弾く男性の絵が。

C アンヂェラス　p.148

マッチ箱は気分も明るくなるような黄色とオレンジのツートンカラー。"A"の文字が印象的で、スタイリッシュなデザイン。

A フジ　p.110

流れるように軽やかな字体がなんとも素敵な看板。「フジ」という店名の通り、色も青と白の鮮やかな富士山カラーです。

F シーザー　p.164

地下への階段を降りるとすぐ目に入る看板やお店の窓には、飛び跳ねる馬がデザインされた粋なお店のトレードマークが。

D 物豆奇　p.48

軒に飾られた木彫りの看板は、思わず立ち止まって見上げてしまうほどに立派。活版印刷のような文字も重厚な雰囲気を放っています。

B コールドンブルー　p.160

丸みのあるかわいらしい店名ロゴの上には「洋菓子・喫茶」の文字。見たら入らずにはいられない、魔法のような言葉です。

H

G

目のようにも見える
"O"の文字

J

I

K

フランスの
ポスターを
元の絵に

L

K gion　p.76

夜になるとよりいっそう煌々と輝く"gion"のネオンサインは阿佐ヶ谷に降り立った人たちを次々に吸い込んでいきます。

I ストーン　p.132

石に囲まれた店内の雰囲気に合うシンプルな看板。"COFFEE" "SANDWICH"…と整列した文字も心地よいリズム。

G 喫茶店 らい　p.114

ファサードの下に隠された看板を見つけると、たまらなく嬉しい気持ちに。コーヒーカップとソーサーにもおそろいのロゴが。

L ゆりあぺむぺる　p.98

200年前のデザインを用いた絵本のようなマッチ箱、ミュシャを思わせるコースター、手描きのような看板の文字と、芸術の薫りを感じます。

魔性の味
J コーヒー オンリー　p.86

入口を挟んで両側に掛けられた2つの看板。「魔性の味」という気になる言葉と、洒落たデザインについ引き寄せられてしまいます。

COFFEE LODGE
H DANTE　p.136

赤い"A"がアクセントになった"DANTE"の文字が楽しそうに踊っているよう。夕暮れ時には灯りがつき、店へと導いてくれます。

西荻窪
物豆奇
since
1975

2階建ての木造長屋の一角をリノベーションしたという建物は、和風建築のような、南欧風の山小屋のような、独特の雰囲気。

1 囲炉裏は人気の席のひとつ。木材をかすがいで接いだ机は「実はコーヒーが置きにくいんです」と山田さん。2 壁掛けの時計たちは初代のコレクション。

交差する時間の中に迷い込む

ふと今までに訪れたお店を思いかえしてみると、その多くには時計がなかったような気がします。それは、「喫茶店にいる間くらいは日常のことを考えないでのんびりと過ごしてほしい」という意図もあるのかもしれません。一方、西荻窪にある物豆奇は、たくさんの柱時計が掛けられているのが印象的ですが、そのほとんどは止まった時の時間をさしたままなのです。結果として、時間を忘れてゆったりと過ごせる空間に。

現在2代目のマスターを務めるのは、山田さん。こちらを作った初代は「趣味のためのお店をやりたい」と思い立ち、常連として通っていた国立の邪宗門をモデルにしたそうです。デザインを手掛けたのも、邪宗門の常連さんの建築家だったとか。その後、山田さんも自分のお店を開こうと考えていた時に

6

3

4

5

素敵な模様コレクション 10

テーブル

開店当時にオーダーメイドで作られた重厚な鉄製のテーブルは、ランプの光を受けて思わず触りたくなる質感。

3 1本の木をくりぬいて作られた立派な椅子。 **4** 動かなくなった今でも使われる、レトロなレジ。 **5** レンガと木材でできた内壁は、邪宗門の特徴を受け継いだもの。 **6** 古材が使われている柱には、よく見るとほぞや手斧の跡が。

偶然こちらに出会い、内装やコレクションを変えないという約束でまるごと引き継ぎました。職人の手作業の跡が残る古材の柱、創業時にオーダーメイドされた調度品、アンティークのものが多いという美しいランプ…。その眺めはまるで時間の流れが止まったような趣です。

　コーヒー以外にも緑色のメロン味ではなく赤色でざくろ味のグレナデンシロップを使用した珍しいクリームソーダも。どこか非日常である空間で、好きな飲み物を片手にぼんやりするひとときをぜひ。

DATA

住 杉並区西荻北3-12-10
電 03-3395-9569
営 11:30~20:00
休 不定休

PICK UP MENU

ブレンドコーヒー ……… ¥450
グレナデンソーダ ……… ¥400

上野

高級喫茶
古城

since
1964

エルミタージュ美術館を描いたステンドグラス。くの字形は奥行きがあるように見え、地下の圧迫感を感じさせない工夫。

壁や席の仕切りに使われている石はそれぞれ色や手触りが違っているところがママのお気に入りです。

先代こだわりの煌びやかな地下宮殿

　JR上野駅をはさんで上野恩賜公園とは反対側に位置する古城。「高級喫茶」という文字や、入口に敷かれた赤いマット、階段を降りる際に目に入る、騎士を描いたステンドグラスなどの豪華さに少し身構えてしまいますが、店内でくつろぐのは漫画を片手に食事を楽しむサラリーマンや近隣で暮らす人たち。そのギャップが居心地の良さを作り出しているのです。

　観光客たちが足を伸ばすことの少ない地域にあるのは、現在2代目を務めるママ 松井さんのお父様の「人を呼び込みたい」という思いから。当時は店員が着物を着て接客する、グランドピアノで演奏を行う、コーヒーの後にお茶をたててお出しする、などのサービスがあったそう。「本物を使う」という初代のこだわりが見てとれる大理石の柱や壁、高い天井、丁寧に磨かれたシャンデリア、店内奥の大きなステンドグラス、東北新幹線をイメージしたという横並びに座れる「ロマンスシート」など、贅を尽くしたインテリアは当初から変わっていません。また、初代がみずからデザインした、店名入りの床にも見惚れてしまいます。

　旅情をかきたてる上野駅周辺には多くの純喫茶が点在していて、少し歩くと非日常を味わえる空間がいくつも。お休みの日などに大切な人を連れて、のんびりと過ごすのはいかがでしょうか。

DATA

住 台東区東上野3-39-10
光和ビルB1F
電 03-3832-5675
営 9:00〜20:00
休 日祝

PICK UP MENU

ブレンドコーヒー ……… ¥490
ミックスサンドセット … ¥1,300

1

ダンテ（▸p136）
でも発見

1 今でも使用される磯村電気製のストーブは、点けるとゆっくりピンク色の炎で染まります。2 丁寧に磨かれている照明。3 店名や植物の模様の床は真鍮で縁取り、カラーセメントを流し込んでいます。

2

3

素敵な模様コレクション 11

壁

大理石を贅沢に積み重ねた珍しい壁。一口に大理石と言っても様々な色や質感で、美しい模様を作り出しています。

神田

珈琲専門店

エース

since
1971

カウンターの端は、お客さんのひじが痛くならないようクッションに。小さな心遣いに気持ちがあたたかくなります。

何の銘柄か分かりやすく…

1 赤茶色とアイボリーのツートンカラーが印象的なソファ。手書きのメニューをぐるりと見回して、次回訪問する時の楽しみも膨らみます。 **2** コーヒーを頼むとソーサーについてくる豆の銘柄プレート。

ご兄弟のあたたかさがにじむ店内

「神田のオアシス」と言われたら多くの人が思い浮かべるであろうエース。四男である清水英勝さんと五男の徹夫さん、お父様の3人で創業し、2023年8月で52周年を迎えました。創業当時に学んだ日本喫茶学院の先生の「少し変わったものをおくとよい」というアドバイスを受け、5種類のブレンドコーヒーのほか、15種類のアレンジコーヒーや紅茶を提供しています。さらに「看板メニューとなる特徴的なものを」と開発された「のりトースト」は、それを求めて遠方からも訪れる人が途切れないほどの人気メニューに。

美味しいコーヒーやサンドイッチ類はもちろん、エースの魅力は店内の様々なところに見つけることができます。例えば、厨房の床はお客さんと目線があうように1段下げてあったり、あたたかさを感じる独特の

6

3

4

5

素敵な模様コレクション **12**

天井

天井の壁紙も、清水さんご兄弟みずから張り替えられたもの。丁寧な手仕事の跡にあたたかさを感じます。

3 看板メニューの「のりトースト」のミニチュア旗は店主が1つ1つ作っているのです。**4** 手書き文字は、水拭きできる地塗材で描くためいつでも清潔に保てます。**5** 大人気の「のりトースト」と香り高いブレンドコーヒー。**6** 外観。レトロなストライプのテントが目印になっています。

フォントで書かれた分かりやすいメニューがそこかしこに貼られていたり、のりトーストを写真に撮りたいお客さんのために各テーブルに置かれたミニチュア旗や、ソーサーに付けられたコーヒー名を示す小さなプレートなど…。数えきれないほどの細やかな心配りについて「自分たちでやっているから時間はかかっていてもお金はかかっていないんだよ。来た人たちが喜んでくれたら嬉しいんです。」と笑う清水ご兄弟の笑顔に触れて、ますますエースの虜になってしまうのです。

DATA

住 千代田区内神田3-10-6
電 03-3256-3941
営 火～金 7:00～18:00
土 7:00～14:00
休 月日祝

PICK UP MENU

ブレンドコーヒー ¥450
のりトースト ¥220

高円寺

名曲喫茶
ネルケン

since
1954

音がこもらない材質の天井や、壁に塗った
漆喰をわざと毛羽立たせたようにするなど
音を響かせる工夫が凝らされた店内。

美術品や花たちに漂うエレガンス

一度お会いしたら忘れることができないほど美しく品のあるマダム 鈴木さんが出迎えて下さるのは、1954年創業の名曲喫茶ネルケン。ドイツ語で「たくさんのカーネーション」という意味の店名は「末永く可愛がられるお店になるように」との願いを込めて。芸術家・音楽家・作家のお客様も多く、店内には頂き物の絵画・彫刻がたくさん飾られています。

建物や家具の設計は全て鈴木さんのご主人によるもの。クラシック専門の名曲喫茶であるため、建物は音楽ホールと同じく、釘を使わず木と木を組み合わせてつくられています。客席はテーブルごとに自然の形のままの木材で仕切られており、隣席に人がいても視線が交差しないため、まわりを気にせずゆっくりと自分の時間を過ごせます。またどのテーブルにも瑞々しい花が活けられているので優雅な気持ちになれるのです。

店内の奥に専用に設けられた音響スペースからは、素敵なクラシックが響き渡ります。「なかなかお客様とじっくり話すことができないので、その方に聞いて欲しいと思う曲を選ぶんです。そうすると決まって曲名を尋ねて下さるんですよ。」と花のように微笑む鈴木さん。朝でも昼でも夜でも。蔦に覆われた神秘的な入口の向こう側で、名曲たちに耳を澄ませ、1人静かに自分と会話をする時間を過ごせる貴重な場所です。

DATA

住 杉並区高円寺南3-56-7
電 03-3311-2637
営 11:00～20:00
休 なし

PICK UP MENU

コーヒー ………… ¥550
クッキー ………… ¥330

1

2

席にはいつも美しい花が

1 木製の引き出しに収められたたくさんのレコードたち。カウンターの中には、ここに収まりきらないレコードもあるそうです。
2 丸くカーブしたカウンターは一枚板で、このお店のためにしつらえたもの。

素敵な模様コレクション **13**

壁の縁

半円を連ねたレースのような模様。細部までこだわりが詰まっていて「お店の全てがお気に入り」と鈴木さん。

北村西望のお弟子さんの彫刻などの美術品やベルベット
の椅子など、品の良さを感じられます。

押上

純喫茶 マリーナ

since
1963

青い壁はフェルトの上から透明の大きなガラスをかぶせたもの。ソファのレザーは定期的に張り替えられ、清潔感があります。

コーヒー1杯の気ままな船旅

スカイツリーが出来てから、すっかり賑わうようになった押上駅からのんびり歩いて約10分。こちらのお店は「純喫茶といえば茶系のインテリア」という固定概念を覆す鮮やかな色合いが特徴です。

「小学校の修学旅行で、列車の中から初めて海を見て感動してね。当時から『マリーナ』という名前はいつか付けたいとあたためていたんだよ。」と海のない長野県出身のマスター 上原さんが教えて下さいました。店内は海や船内を思わせるものであふれています。印象的で目の覚めるような色の壁は上原さんが考案されたもの。舵や船舶照明を取り付けてあるので、まるで船の窓から海を覗きこんでいるようです。ベージュと赤茶色を交互に並べた座り心地の良いソファは、どこか懐かしい色合いが店の雰囲気に合っています。

鮮やかな青い壁に取り付けられた船舶照明。上原さんの幼い頃からの海への憧れがつまっています。

「下町の人は美味しいものに敏感だから率直なアドバイスをもらったりしてね。マリーナはお客様に育てられたんだよ」と上原さん。それは決して一方通行ではなく、相互の距離感や関係をとても大切にしていることのあらわれなのでしょう。

思い立った時にいつでも訪れることが出来るのが嬉しく、仕事帰りのおなかを満たすにもぴったり。鉄板に乗ったナポリタンはもちろん、もう一つの看板メニュー「マリーナ丼」も召し上がってみてはいかがでしょうか？

DATA

住 墨田区向島2-10-2
メイゾン向島1F
電 03-3625-8838
営 平日 8:00〜19:00
日 8:00〜16:00
休 土

PICK UP MENU

コーヒー …… ¥400
マリーナ丼 …… ¥820

素敵な模様コレクション **14**

天井

天井に貼られた、四角い幾何学模様のエンボス加工が施されたクロスは、シンプルながらも目を楽しませてくれます。

1

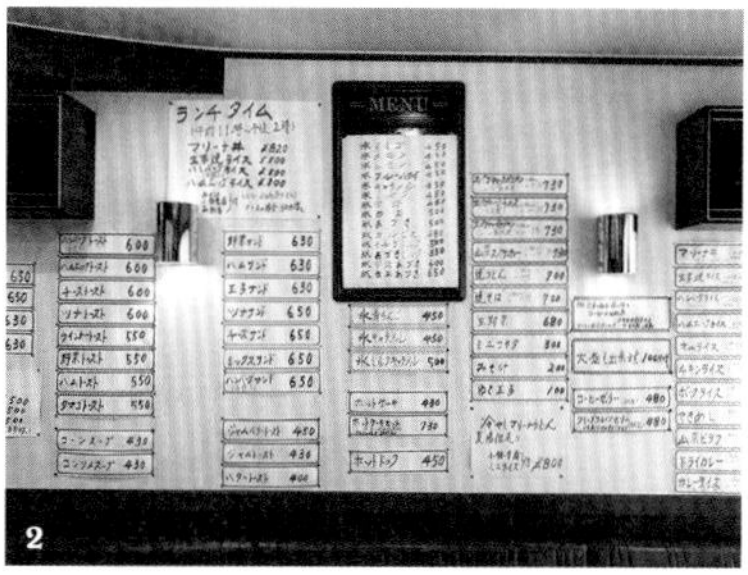

2

3

スカイツリーの絵柄なのです

4

1 飴色のシュガーポットが懐かしい雰囲気。**2** 手書きのメニューは読みやすく、あたたかみが感じられます。**3** 入口にはまるでタバコ屋さんのようにたくさんの銘柄が。常連さんの吸うタバコに合わせて、どんどん増えていったそう。**4** 店名入りのステンドグラスはガラス職人のお客様から。

青山一丁目

エルグレコ

since
1978

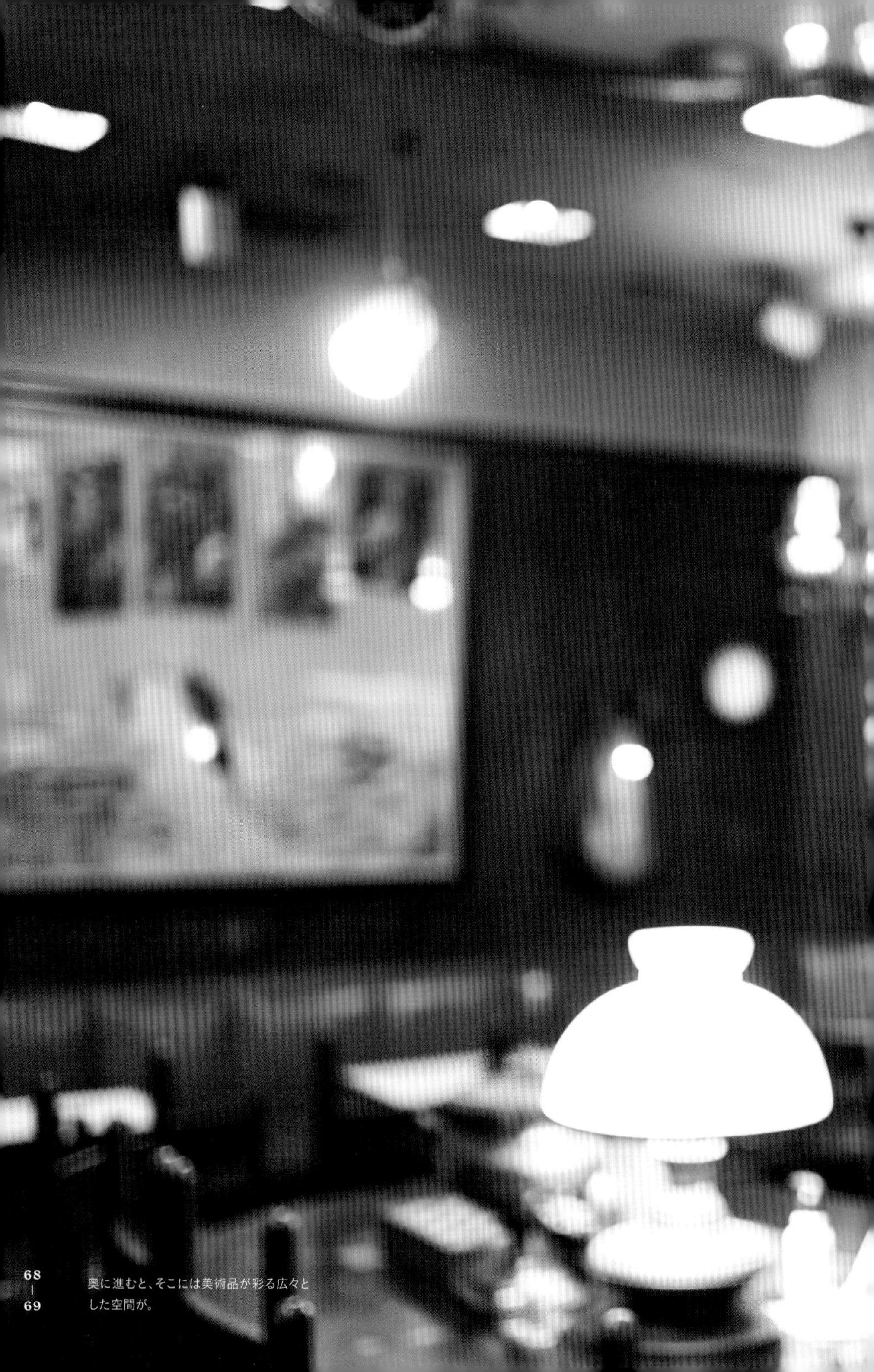

奥に進むと、そこには美術品が彩る広々とした空間が。

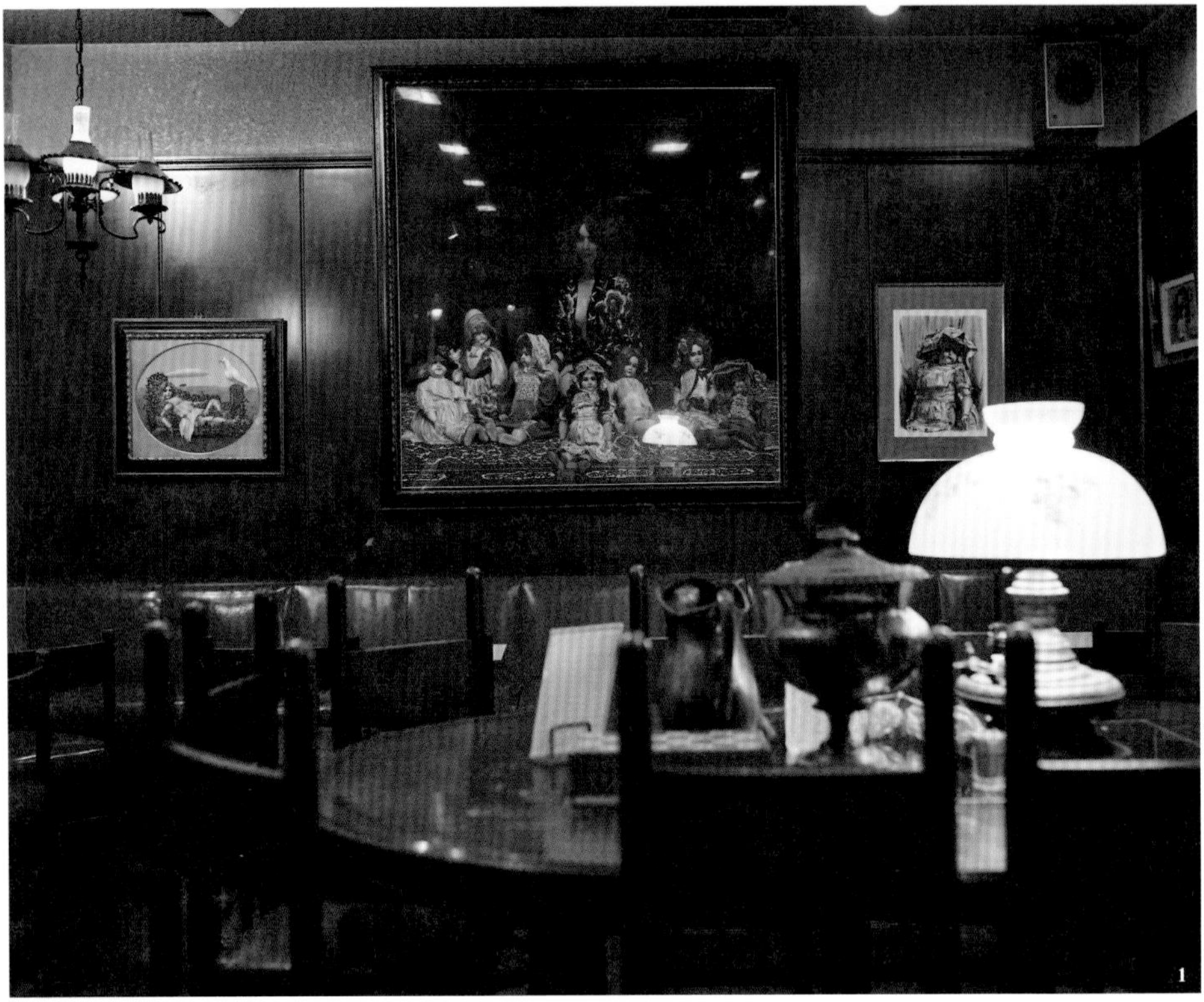

1

2

1 四方全ての壁に絵画が飾られた贅沢な空間。**2** 店内奥の食器棚に飾られたグラス。どれも貴重なものだそう。

都会に潜む、豪華絢爛な隠れ家

１９７８年竣工の新青山ビル（旧 青山ツインタワー）と同時に誕生したエルグレコ。現在お店に立たれている店長の祖父が「友人たちと気軽に集まれる場所を」、という想いから造られた店だそう。アンティークが好きだった先代が海外でさまざまなものを買い付けてきて、現在の気品あふれるゴージャスな内装が完成しました。一般的な飲食店ではなかなか見かけることのない１００号サイズの油絵、スペインからアメリカへ渡り、日本へやってきた大きなステンドグラスなど、店内に散りばめられている装飾品の全てが本物で、ひとつひとつには聞けば圧倒される歴史あるエピソードが。店名は、その中のひとつである小松崎邦雄氏の代表作「牛に乗ったエルグレコ」から付けられたそう。

「何でも自分で考えてやるのが

4

5

6

太陽の顔をした銅板

3

素敵な模様コレクション 15

天井の絵

天井の丸い油絵は藪野健氏によるもの。鮮やかな青色は、喫煙可の時にはくすんでいて夜の風景のようだったとか。

3 店の中央にそびえたつステンドグラスはスペインからやってきたもの。**4** 天井には鮮やかな青空の油絵が。四角い照明もかわいいアクセントに。**5** コーナー席だけテーブルが楕円形。**6** 店内のあちこちにある細かい装飾もアンティークのもの。

好き。時代に逆行しているかもしれませんが、アナログであることは裏切らないのでこれからもこのやり方でやっていきたい。」と語ってくれた店長。創業年数と同じだけ、通ってくれた人たちも年齢を重ねていきますが、昔と変わらないままほっと一息つける場所があり続けるということは心強いはずです。「大切にしているのは、チェーン店が目指していないことをやること」と語ってくれた店長の眩しい笑顔と同じく、エルグレコにもずっと明るい光が射していくに違いありません。

DATA

住 港区南青山1-1-1 新青山ビル(旧 青山ツインタワー)B1F
電 03-3475-1733
営 月~金 8:30~20:00
土 12:00~18:00
休 日

PICK UP MENU

ブレンドコーヒー ………… ¥490
豚肉の生姜焼き ………… ¥990

高円寺
ルネッサンス
since
2007

経年劣化で予想以上に沈み込んでしまう
椅子も、愛着のある人からすると大切な座
り心地で、わざわざその席を選ぶ人も。

クラシックの取り壊しを行った大工に設計を依頼し、
立体的な店内になるよう工夫が凝らされています。

かつて中野にあった伝説の名曲喫茶クラシックでアルバイトをしていた岡部さんと檜山さん。惜しまれつつもクラシックが閉店した際、「処分するのはあまりにもったいない。いつかお店を開けたなら…」と店内のものを一式保管し（その一部は阿佐ヶ谷にある名曲喫茶ヴィオロンが店内に移築）、2007年に開店したルネッサンス。高円寺を選んだ理由は幅広い年齢層の方がいるところが気に入ったからだそう。偶然にもクラシックの前身だった「ルネッサンス」という店も高円寺にあったため、「それならばこのお店も」と店名を決めたそう。そんないくつかの運命的な出来事を経て今に至ります。

　元はお米の倉庫だった場所を借りてオープン。ガランとした空間に段差を作ることで、2階建てで吹き抜けもあったクラシックに近い雰囲気を再現したそう。画家でもあったクラシックのマスター 美作さんの作品他、家具や美術品が当時の趣をそのままに飾られています。

　メニューはコーヒー、紅茶、ジュースとアルコール2種のみですが、食べ物はゴミを持ち帰ることを条件に持込み自由。「ハードロックやヘヴィメタル、プログレッシブロックは意外とクラシックと親和性があるんですよ！」と岡部さん。そういった音楽のイベントを行うこともあり、名曲喫茶とは違った一面を見られる日も楽しみです。

DATA

住 杉並区高円寺南2-48-11
堀萬ビルB1F
電 03-3315-3310
営 不定営業のため要確認

PICK UP MENU

珈琲（ブレンド）……………… ¥500
※2024年2月時点、要確認

伝説の名曲喫茶の面影がそこかしこに

1

2

3

1 洗面器やザルのランプシェードなど、美作さんが作った個性的な家具がたくさんあります。**2** 手元は明るいため、読書に耽るのにもぴったりです。**3** クラシックの店内に使われていたベニヤ板を貼っているところも。

素敵な模様コレクション 16

席のパーティション

パーティションに使われているアンティークの金具はつる草の模様。上の方の部分は天使の羽のようにも見えます。

阿佐ヶ谷
gion
since
1983

このお店で一際目を引くのが、鮮やかなピンク色の壁に囲まれた空間と、そこに吊り下げられているブランコの席。

1 程よい明るさの店内に、アール・ヌーボー調のランプがぽつりぽつりと置かれています。**2** バイオリンを弾く女性のドレスがシェードになったランプはお店の雰囲気によく合うのです。

憧れをつめ込んだ夢のような喫茶

誰かに一言で紹介するならば「ブランコに揺られながら、金魚鉢のような大きなグラスで緑色と青色のクリームソーダを楽しめる店」となんともわくわくする言葉の羅列があふれてくるgion。マスターの関口さんは「カウンター席でゆっくり読書をしたい」と理想のお店を作るため、寝る間を惜しんで働きながら、他の喫茶店などを訪ねて研究し、ご自分で設計図まで描くほどのこだわり。

空間を分けるため7つの段違いの床が設けられ、入口は大理石、青い天井が眩しいカウンター席は木目調、ブランコのあるピンク色の小部屋は絨毯、と3種類の素材を使い分けています。たくさんの花に囲まれ、物語の中に迷い込んだような店内は、映画『借りぐらしのアリエッティ』に感銘を受け、その雰囲気に倣っているそうです。

3

4

5

6

素敵な模様コレクション 17

ランプシェード

入口に吊り下げられたモザイクのランプ。カラフルなタイルは見上げる角度によってちがう色合いで光ります。

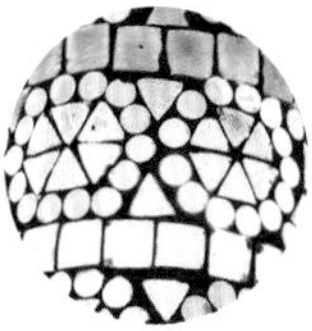

3 ほのかな青い光が心を落ち着かせてくれるのです。**4** 箱庭になった窓枠や、あちらこちらに飾られた新鮮な生花が乙女心をくすぐります。**5** 深夜訪れる際は、ネオンサインを目印に。**6** 天井の部分がカウンターのカーブと同じ形を描いています。

物腰の柔らかい関口さんですが、「お客様と従業員を守るため、マナーの良くない方は容赦なく追い出します」という頼もしさも。看板メニューのナポリタンやワッフルなど美味しいメニューがたくさんありますが、関口さんのおすすめはエバミルクをふんだんに入れて飲むコーヒー。普段ブラックで飲む人にもぜひ試してほしい一品です。年中無休、夜も遅くまで営業していますので、思いついた時に寄り道をして非日常の空間でゆっくり過ごしてみるのはいかがでしょうか。

DATA

住 杉並区阿佐谷北1-3-3
川染ビル1F
電 03-3338-4381
営 月～木、日 9:00～24:00
金～土 9:00～25:00
休 なし

PICK UP MENU

ホットコーヒー …… ¥480
ソーダ水 …… ¥500
（アイスのせ +200円）

大森

珈琲亭
ルアン

since
1971

海外のカフェを思わせる漆喰の壁に、先代が集めたり、お客様から頂いたりしたという骨董品が並びます。

元々、カウンター席は立ち食いうどん屋、1階席は純喫茶、2階席は麻雀荘だった建物を、元和菓子職人だった先代が純喫茶部分を買い取り、丸ごと作り変えられてできたのが珈琲亭ルアン。その後、うどん屋と麻雀荘が立ち退いたことをきっかけに店内を拡張し、現在の様子となりました。

創業当時、小学生にあがったばかりだったという2代目マスターの宮沢さんは、学生時代から店を手伝い、1990年頃からご両親と共にお店に立つように。初代は晩年までカウンターに立ち続けたそうで、「本当に朝から晩まで働いていた人だった。今になって僕のほうから聞きたいことがたくさんある。」と当時の写真を見ながらお話しして下さいました。

1階の目を惹くバラ柄の絨毯などはここ数年で新しく取り替

街の日常を彩るヨーロピアンな店内

カウンターには豆ごとに使い分けられたミルやサイフォンが置かれ、昭和の面影が色濃く残ります。

えられたものですが、ほとんどの装飾品は創業当時から変わっていないため、初代のこだわりも感じることができます。また、2018年5月から完全禁煙にしたことで、客層が変わってきたとおっしゃる宮沢さん。しかし、長い時間をかけて煙草で染まった琥珀色の壁や家具、積み重ねられたお客さんとの関係性や、たくさんの人たちが味わってきたコーヒーの味わいがなくなることはありません。これからもまた新たな方たちの憩いの場所として、ますます賑わっていくことでしょう。

DATA

住 大田区大森北1-36-2
電 03-3761-6077
営 月~金 7:00~19:00
土日祝 7:30~18:00
休 水木

PICK UP MENU

スペシャル
ブレンドコーヒー ¥500
コーヒーゼリー ¥600

1

額に入ったメニューまで琥珀色
2

3

4

素敵な模様コレクション 18

ソファ

床やソファは赤を基調とし、店内を華やかに彩っています。2階のソファは深い赤で、草花のモチーフがあしらわれています。

1 2階には電話ボックスが。待ち合わせに使われていたのかもしれません。**2** メニュー表はマスターのお母様の手書き。**3** アンティークカップがきれいにディスプレイされています。**4** コーヒー豆が敷き詰められたテーブルとクラシカルな雰囲気の銅製のシュガーポット。

column 2
照明コレクション

高級喫茶 古城 p.52

膨らんだつぼみのようで、今にも花が咲きそうです。

純喫茶 マリーナ p.64

窓際のテーブルの上には円錐型の照明がずらりと並んでいます。

名曲・珈琲 新宿 らんぶる p.10

まるでヨーロッパのお城にありそうな、ろうそく型の間接照明。

フジ p.110

ダウンライトと天井の模様が一面に咲くあやめのよう。

ロン p.26

交差したアクリルと丸い電球が美しい建築を彩ります。

ROYAL p.34

繊細に重ねられたビーズが高級感のあるアクセントに。

コーヒーの店 ドゥー p.42

逆さに泳ぐクラゲのようなガラス。ふちには細かい花の模様が。

カド p.140

淡く光る白百合のような乳白色のシャンデリアがロマンチック。

喫茶店 らい p.114

光の分散が美しい球体は、まるで実ったぶどうのよう。

落ち着きを誘う絶妙な明るさで、心地よさの一役を担っている照明。
お店ごとにまったく異なるデザインは
マスターやママたちの趣味が垣間見えるポイントでもあります。

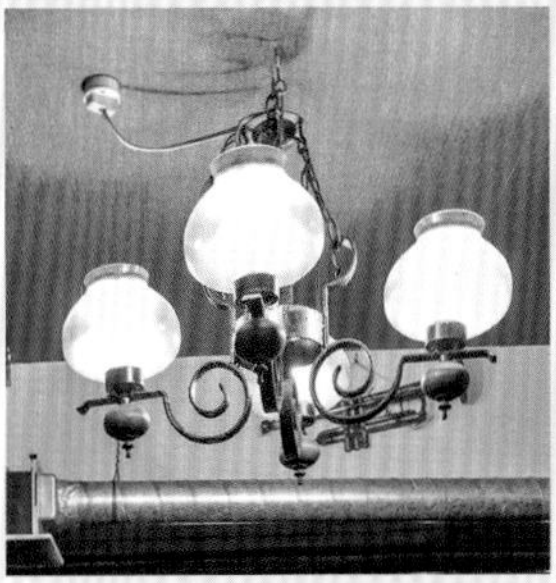

珈琲亭 ルアン P.80

欧風の店内に良く合うオイルランプのような吊り下げ式。

珈琲館 くすの樹 P.128

山小屋風の建物によりいっそう雰囲気を持たせるランタン。

魔性の味 コーヒー オンリー P.86

デコラティブな表面の凹凸が、店内を華やいだ印象に。

ルネッサンス P.72

金魚鉢のようなガラスとうずの巻いた金具の組み合わせが楽しい。

gion P.76

ほとんど曲線のみで作られているため女性的な雰囲気。

喫茶 有楽 P.90

まるで宇宙船のような円盤型がどこか近未来的。

COFFEE LODGE DANTE P.136

先に組んだ鉄の枠の中で、ガラスを膨らませて作られています。

万定 フルーツパーラー P.144

鳥の羽根と花を組み合わせたような美しい照明。

アンヂェラス P.148

ふわふわと舞う天使たちが見えそうな、「天使の輪」。

南千住

魔性の味
コーヒー オンリー

since 1970

ストライプの壁、孔雀色のフェルトが貼られた腰壁、角がアールになった赤い縁取りの窓枠など、全てが絶妙なバランス。

色味と配置のバランスに惚れ惚れ

「魔性の味」と一度聞いたら忘れられないキャッチフレーズを持つ、コーヒーオンリー。それは、常連さんの「ここのコーヒーは毎日飲まないとやっていけなくなる魔性の味だね。」という絶賛の一言から生まれたそう。

浅草に2店舗あったオンリーから、のれんわけのような形で開店。カメラマンの経験があるマスターの中尾さんは、カメラを通して見た時のように奥行きや高さ、配置バランスを考えて店内を造りました。アールを描く天井や、「思い切って派手な色にしてみたんだ」というクリーム色と濃緑のストライプの壁は、今見てもうっとりしてしまうモダンさ。鮮やかだった空間は、こちらで過ごした人々の思い出や紫煙を存分に吸い込んで現在の落ち着いた色合いに。椅子は1本の木から切り出して作られているため長年経っても丈夫で体にフィットし、いつまでも座っていたくなってしまうほど。また、カウンターのふちが少しくぼんでいるのは肘をついたときの心地良さが計算されているから。

たくさんの人が目指してやってくる大人気のホットケーキは注文を受けてから1枚1枚焼くため、その分厚さに驚くも、少し冷めてもしっとりしているのでいつの間にかするりと食べ終えてしまいます。また、ペリカンのパンを使用したトーストやサンドイッチも浅草に近い純喫茶ならではです。

DATA

住 荒川区南千住5-21-8
電 03-3807-5955
営 9:00~18:00
休 日

PICK UP MENU

ホットコーヒー ………… ¥450
ミックスサンド ………… ¥600

1

おもちゃのような
かわいらしさ

1 くすんだ淡い青色と赤いボタンの色使いに懐かしさを感じるレジ。**2** 窓に描かれた店名のロゴにも遊び心を感じます。**3** カウンターの上には他よりも低くなるように天井が取り付けられています。

2

3

素敵な模様コレクション **19**

カウンター横の壁

太陽や花のような模様の壁紙。「少し派手なものを使ってみたんだよ」と中尾さんがチャーミングに笑います。

ストライプ柄が、壁と天井が描くアールを強調していま
す。コロンとした球状の照明も素敵。

浅草橋
喫茶
有楽
since
1974

場所柄ビジネスマンのお客様も多く、「商談が丸く収まるように」とつくられたこちらの席を目当てにやってくる方々も。

緑の床に赤い椅子と、昭和の純喫茶らしい色合いの手前の空間は、照明も控えめで落ち着いた雰囲気。

映画のワンシーンにいるような気持ちで

春には隅田川沿いの桜並木、夏には花火といった風流な景色が楽しめ、また屋形船の発着場も多くある浅草橋。駅から歩いて数分のところに、昭和の雰囲気をそのままに残す喫茶 有楽があります。かつてその場所には、現在2代目のマスター宮城さんのご祖父母が経営する旅館「有楽」がありました。長男だった初代は、そこで昔からの夢だった喫茶店を始めましたが、旅館から姿を変えた今も同じ名前で営業しています。

会社員としての仕事に夢中だったという宮城さんがお店を継いだのは、2011年のこと。初代の「店を閉めようかと思っている」という言葉に驚き、「ここを無くすわけにはいかない!」と継ぐことを決意されました。「古いまま残したい」と考える初代と、以前飲食店で働いていた経験から「清潔感が一番」と考える宮城さんの間で対話をすることもあるそうです。

店内は3つのスペースに分かれていて、照明が控えめで落ち着いた空間、映画『沈まぬ太陽』にも登場するモダンで明るい空間、銀色の柱に囲まれた円卓と、場面に合わせて席を選ぶことができます。

宮城さんが継いでから食事メニューが増え、ランチタイムには美味しい食事を求める人たちであっという間に満席になってしまうほど。のんびりと過ごしたいのであれば夕方頃の訪問がおすすめです。

DATA

住 台東区浅草橋1-2-10
電 03-3861-9570
営 月～金 7:00～18:00
土 11:00～16:00
休 第2･3土、日祝

PICK UP MENU

コーヒー ······ ¥430
フレンチトーストセット ···· ¥700

1 創業当時に使っていたというコーヒーミル。2 通常は外壁に用いられるモルタル掃き付け仕上げ、通称「ドイツ壁」が内壁に使われています。3 モダンな客席には、宮城さんのおじい様が描かれた絵が。

1

2

3

素敵な模様コレクション 20

小窓

初代の奥様がみずから貼り付けたものだというカラフルなステンドグラス風の模様が、店内のアクセントになっています。

新宿御苑前
騎士道
since
1978

ビロードのような壁に加えて、カウンターにはスポットライトやお酒の瓶などが置かれ、バーのようなゴージャスな雰囲気。

季節ごとにその色合いや姿を変える様々な植物たちが訪れる人たちの目を楽しませる新宿御苑からほど近くにある騎士道。元々は現在のマスターの山田さんのお父様がミルクホール「亀屋」を経営していた場所でした。亀屋では飲み物や軽食はもちろん、正月用のお餅まで、作れるものは何でも提供していたそうです。長い間亀屋でお手伝いをしていた山田さんは、「どんどん新しいものを取り入れていかなくては」と時代の風潮に気付き、「ミルクホールではなく喫茶店をやりたい」という思いを持ちます。いざ喫茶店に改装しようとすると、お父様から仁王立ちで工事を止められるほどの猛反対を受けましたが、半ば強引に始めたところ店は大繁盛。その様子を見てお父様も納得されたそうです。その後長い時間を経て「昔は新しいものが

貴族の気分で優雅なくつろぎの時間を

2階席は大人数用で広々としています。お席近くの会社員の方たちがパーティを楽しむことも。

流行ったけれど、今はこの店をそのままの形で守っていきたい」と、ヨーロッパ風に仕上げられた店内の古き良き雰囲気が当時のまま保たれています。

訪れたのは平日の昼過ぎでしたが、ひっきりなしに近隣で働いているであろう会社員の方たちが扉を開け、豊富なメニューに目を落として何を食べようかとわくわくしているように見えて微笑ましかったのを覚えています。日曜は定休日ですが土曜は営業しているので、公園内を散策をした後にこちらへ寄ってひと息つく楽しみも。

DATA

住 新宿区四谷4丁目28-20
電 03-3341-5379
営 11:00~18:00
休 日

PICK UP MENU

騎士道ブレンド ¥600
ケーキセット ¥1,200

素敵な模様コレクション 21
階段の壁紙

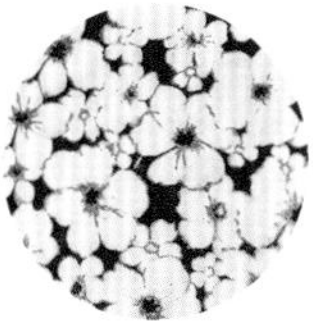

1階から2階へ続く階段の壁紙は、マスターがこだわってご自身で擦り、色にアレンジを加えたものだそうです。

1

2

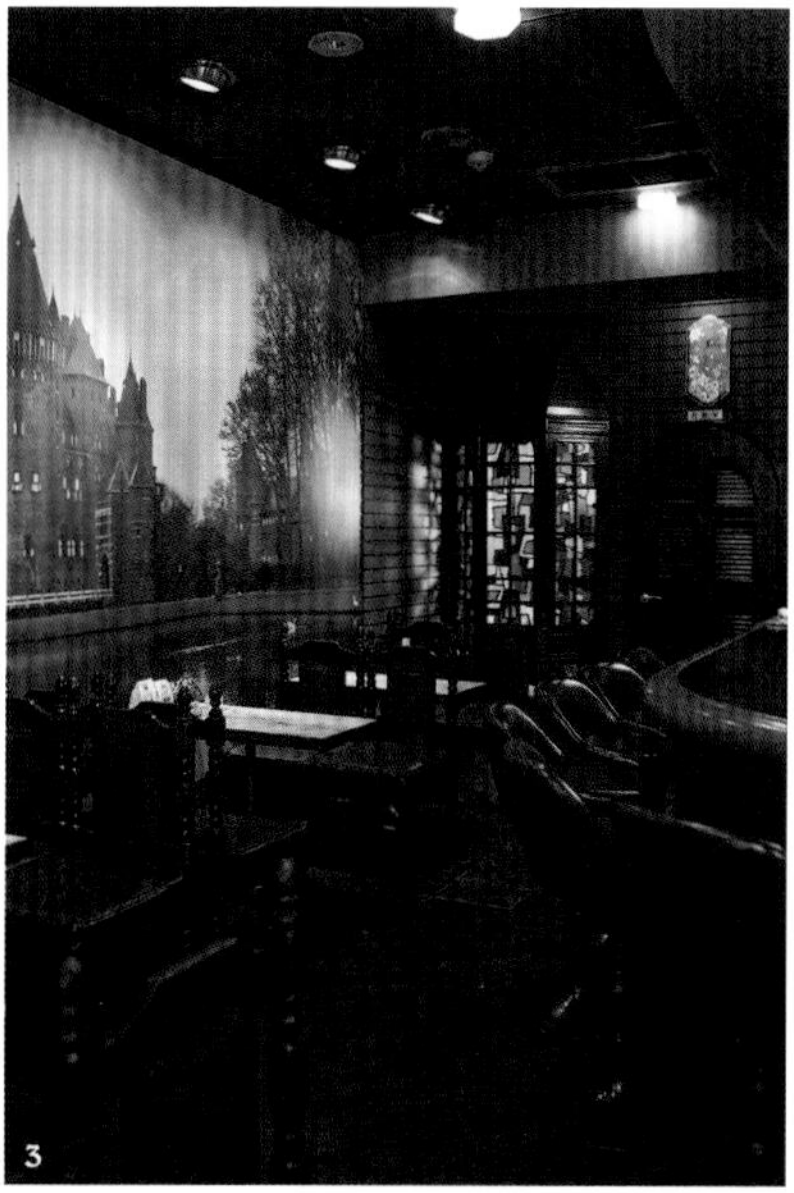

3

4

1,3 壁の大きな古城の写真とシャンデリア、元々は入り口にあったカラフルなステンドグラスが目を引きます。**2** レジ横には銅板で作られた騎士の横顔が。**4** 食器はヨーロッパ製のボーンチャイナ。コーヒーに合わせ、こだわったものを使っています。

吉祥寺
ゆりあ
ぺむぺる
since
1976

ヨーロッパの田舎を思わせる店内。明るい
日が差し込む窓際の席は、植物もいっそう
いきいきとしているように感じられます。

木目が浮き上がってでこぼことしている床は、店員さん
が毎日ワックスがけをするためできるのだそう。

アール・ヌーボー調の空間に誘われて

思わず口に出して呟きたくなる不思議な店名を持つゆりあぺむぺる。老舗ライブハウスと経営者を同じくし、「音楽で繋がるライブハウスに続いて、人が集まる場所を」と作られたのがこちら。店名は宮沢賢治の詩集、『春と修羅』に登場する「ゆりあ」と「ぺむぺる」にちなんでつけられたそうです。

たくさんの植物が飾られた店内は、どこか物語の森の中に迷い込んだよう。オーナーがみずから各国に買い付けに行ったアール・ヌーボーのランプ、手作りのドアの彫刻や手で割った壁のレンガを使用するなど、細部にまでこだわりを見ることができます。また、食器にも非常にこだわっていて、飲み物ごとにカップを使い分けているとのこと。ディスプレイされている高級カップをうっとり眺めるのも良い時間です。

近年、1階も2階も禁煙にしたところ、かわいらしい店内と色鮮やかなクリームソーダに夢中になる女性のお客様が増えたそう。「時代に合ったメニューを作ることで、若い人たちにも純喫茶の良さを知ってもらいたい」という現店長の渡辺さんの思いから、クリームソーダの種類を増やすなど、古き良きものを守りながらも進化しているのです。どなたが訪れても居心地の良い空間である秘密はそんなところにあるのかも知れません。2022年夏には鎌倉店もオープンしました。

DATA

住 武蔵野市吉祥寺南町1-1-6
電 0422-48-6822
営 火～木、日 11:30～20:00
金～土、祝前日 11:30～22:00
休 月

PICK UP MENU

ゆりあぺむぺるブレンド ¥630
クリームソーダ ¥850

1

装飾もとても細やか

2

3

1 会計時についつい見入ってしまうレジスターはアメリカ製で100年以上前のものです。**2** 2階には宮沢賢治の『銀河鉄道の夜』の直筆原稿のコピーが飾られ、文学的な雰囲気が。**3** 飾られた植物は全て生花。

素敵な模様コレクション 22

テーブルクロス

店内のテーブルには草花をモチーフにしたかわいらしいクロスがかけられており、シックな店内に華をそえます。

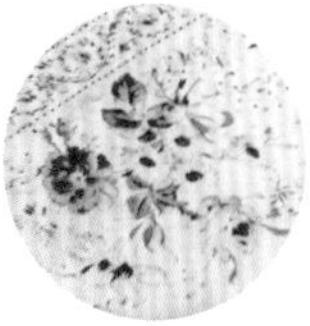

新橋

パーラー キムラヤ

since 1966

壁や椅子がカラフルで明るい店内は、サラリーマンのオアシスでありながら、誰でも気軽に入りやすい雰囲気です。

1

2

1,2 カウンターは革張りで、その奥にはマスターこだわりの食器類が並んでいます。大人気のプリン・ア・ラ・モードは、食器が足りなくなってしまうこともあるそう。

ビルと共に時を経る色鮮やかな喫茶店

雨の日でも濡れずに行けるのが嬉しい、新橋駅にあるパーラーキムラヤ。食品会社で営業をされていたという先代が脱サラしてはじめ、現在は2代目のマスターを務める和田さんがお店に立つようになって36年、さらに先代が亡くなって2代目となってから12年が経過しました。ご家族で経営するアットホームな雰囲気がこの店のやわらかな時間を作り出しています。

直線的なデザインの模様と赤と白の配色が素敵な椅子や、壁に飾られた照明が昭和の面影を残しています。家具だけではなく、食器にも並ならぬこだわりがあり、ノリタケ製のココアのカップとソーサーは廃番となってしまったデザインを創業当時から大切に使い続けているそうです。またこちらの人気メニューであるプリン・ア・ラ・

今では珍しい、
コカコーラの
温度計

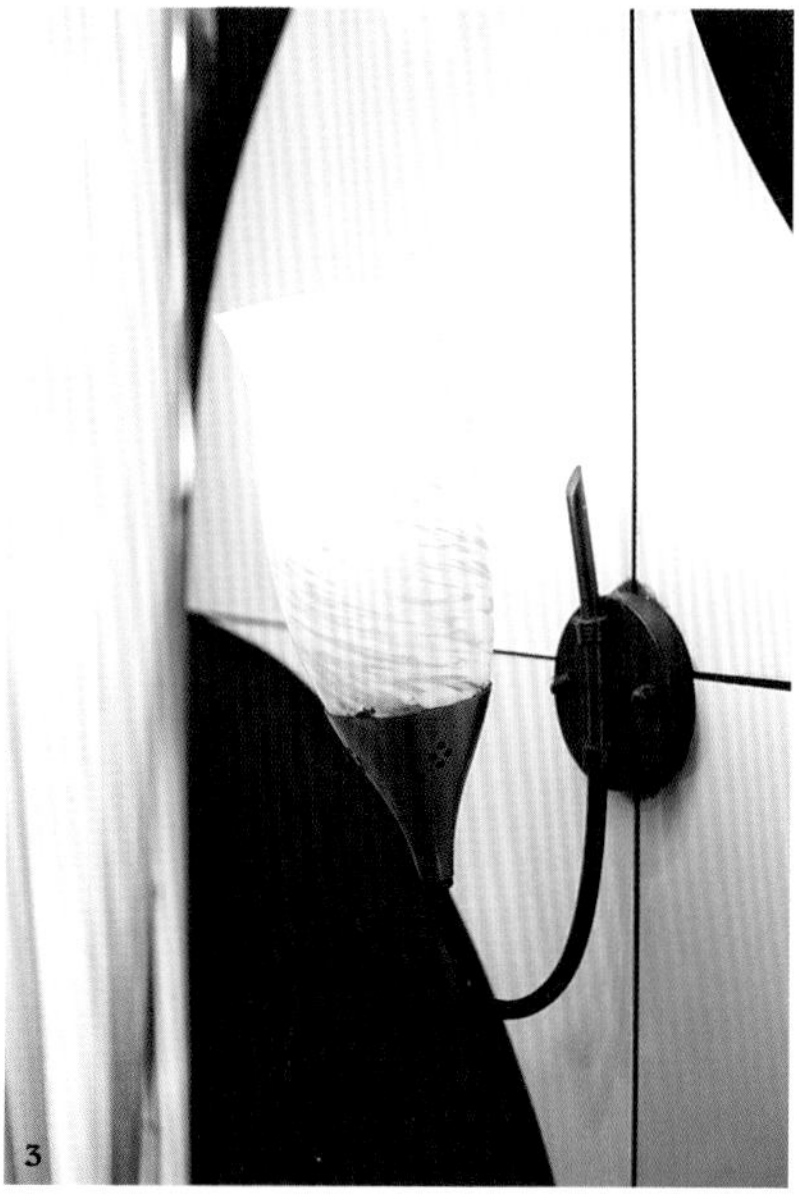

素敵な模様コレクション 23

壁

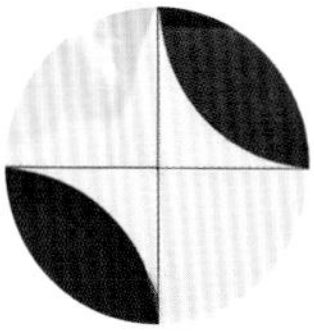

壁を囲むかざぐるまのような模様が創業当時からのトレードマーク。明るい店内でもひときわ目を惹きつけます。

3 アールデコ調の照明も開店当時から大切に使われています。 **4** 店内中央の熱帯魚が泳ぐ水槽。元々は先代が趣味で釣った魚が入っていました。**5** 伊豆·御蔵島へ向かう船がモデルとなった精巧な模型は、開店当時からのお客さんが手作りしたもの。

モードの器は、二ノ宮クリスタル製であるバナナサンデーの中と小を使用し、これらは職人の手でひとつひとつ作られたものであるため大きさや形が違い、同じものがないところも味わい。新しく手に入れることができないため、廃業される全国の喫茶店から買い取りたいとおっしゃるほど。

変わっていくスピードの速い新橋という街で、「変わらない場所」を提供し続けるパーラーキムラヤはこれからも訪れる人たちをほっとさせるのでしょう。

DATA

住 港区新橋2-20-15
新橋駅前ビル1号館B1F
電 03-3573-2156
営 月～金 8:00～20:00
土 11:00～17:30
（土曜は休憩時間あり）
休 日祝

PICK UP MENU

コーヒー …… ¥460
プリン·ア·ラ·モード …… ¥1,050

立石
喫茶
パール
since
1974

天井には一層際立つシャンデリア。下がり天井と椅子も色味が揃っていますが、以前は椅子が青色の生地だったそうです。

一面だけ壁のデザインが異なりタイル画調になってい
るのも設計時のこだわり。空間が豊かに見えます。

友人からその素晴らしさを聞いていてずっと訪れてみたいと思っていたお店でした。現在お店に立つ井上幸子さんの旦那さんは、立石の駅前で「パール」というBarを経営していて、井上さんもそこで働いていました。しかし、お子さんが生まれたことをきっかけに昼の仕事にシフトすることを決め、現在の場所に喫茶店を開いたことが始まりだったそうです。その時の建物は9年ほどで建て替えし、現在の内装になってからは40年、2024年で創業50年を迎えます。下がり天井や一面真っ赤なタイルのカウンター、葉の豊かな木が目を惹くタイル風の壁面など、純喫茶好きにはたまらない要素がぎゅっと詰まっている空間は、一級建築士である井上さんの弟が手掛けたものだそう。

こちらで長年働く女性は井上さんの娘さんの同級生、という地域の繋がりを大切にしているところも魅力。創業当時からあるナポリタンや自家製のカレーライスは、地元の人たちにも初めて訪れる人たちにも人気メニューです。窓の外に植えられた視線を隠すのに最適な木の高さや、一度腰を下ろしたらもう立ち上がりたくなくなってしまう居心地の良さももちろんですが、「美味しいものを食べてもらいたい」と米の質にまでこだわる井上さんの優しさが満ちているからこそ魅力的な空間が保たれているのです。

DATA

住 葛飾区東立石3-23-14
電 なし
営 月～土 8:00～16:00
日 8:00～13:30
休 火水

PICK UP MENU

ナポリタン …… ¥900
ハニートースト …… ¥900

「ここにいたい」と思わせる理想の姿

2

3

1

1 レジカウンターも創業時から変わらないものの一つ。2 店の奥には鮮やかなタイルが特徴的なカウンター席も。場所によって照明のデザインが違うのは創業以来のこだわり。3 椅子の座面、テーブルや仕切りの高さ、窓の外の植栽の高さまで全てが整えられた居心地のよい空間美。

素敵な模様コレクション 24

仕切り

入口にある仕切り。大きさの違う円が連なったデザインは可愛いだけじゃなく、植物なども掛けられて便利なんだとか。

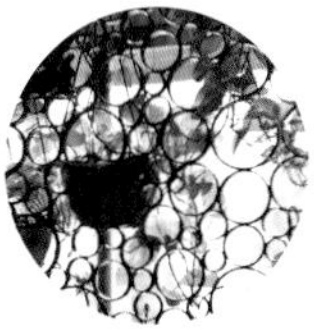

新橋

フジ

since 1971

輝く富士山を見ていると、地下にいるはずなのに列車の窓から遠くを眺めているような不思議な感覚に陥るのです。

1 社長こだわりだったというカウンター席。飾り棚に花が置かれ、おしゃれな雰囲気。 **2** おいしそうなメニューの数々に、お店に入る前から迷ってしまいます。

レトロビルの地下で富士山を臨む

大きく光る富士山を眺めながらコーヒーを楽しめる喫茶店があるとしたら、すぐにでも訪れてみたくなりませんか？ 夜は近隣で働く会社員たちで賑わうニュー新橋ビルの地下飲食店街にあって、コーヒー好きのオアシスとして親しまれるフジ。

そもそもは初代社長が、創業時に大好きな富士山にちなんで店名をつけたのが始まり。それ以来、通路の大きなガラス越しでも視界に飛び込んでくる大迫力のパネルには、代々社長の選んだ富士山の写真が掲げられているそうです。コンセント完備のカウンター席や無料wi-fiの提供など、時代の流れに敏感なサービスはオフィス街にあるからこその特徴なのかもしれません。「お客さんには快適な空間でゆったりと過ごしてほしい」との願いが込められた居心地の良さは50年以上もの間変わるこ

5

6

3 創業当時からあるという燭台型のランプもチャームポイント。**4** 5年ほど前から作っているというオリジナルのうちわ。**5** 英語のロゴのほか、カタカナで書かれた看板もあります。**6** 共に歴史を重ねてきたニュー新橋ビルの様子もガラス越しに眺めることができます。

3

富士山の
イラストにも
心が躍る

4

素敵な模様コレクション **25**

椅子

上品な緑に花のモチーフがあしらわれたふかふかの椅子で、富士山づくしのひとときを過ごしてみてください。

となく、1日に何回もやってくるお客さんや長時間過ごされる常連さんも多いのだとか。

　店名が刻まれた素敵な色のオリジナルカップでコーヒーを味わうのも良いですし、おなかが空いていたならば店名にちなんだ看板メニューの富士山サイダーや富士宮焼きそばで腹ごしらえをするのも。また、訪問の記念にマッチ箱を集めている人は少なくないですが、こちらではオリジナルロゴのうちわが頂けるので夏の暑い日や、またそうでない日でも、ぜひ持ち帰って自分へのお土産に。

DATA

住 港区新橋2-16-1
ニュー新橋ビルB1F
電 03-3580-8381
営 月~金 10:00~19:00
土 10:00~18:00
休 日祝

PICK UP MENU

ブレンドコーヒー ………… ¥500
富士宮焼きそば
(ドリンクセット) ………… ¥900

壁に不思議なモチーフが描かれた2階。果実のような照明が吊るされた吹き抜けは、うっとり見入ってしまう美しさ。

蔵前

喫茶店

らい

since

1962

溜息が出るほど洗練された美しさ

「おかず横丁」と呼ばれる人気の商店街を目指す人たちでいつも賑わっている蔵前駅から数分歩いたところにある喫茶店 らい。目を惹くストライプのファサードと、デザイン性を感じる店名の文字にカラフルな模様が組み合わさった鮮やかな看板が目印です。

お姉さまから勧められたことがきっかけでお店を始めたマスターの中島さん。そのセンスは今見ても全く色褪せていません。例えば1階の窓の花のような模様のステンドグラス。昔はこの窓際に電気蓄音機を置いてレコードをかけていたそう。壁面に取り付けられた棚には、60年代の流行を閉じ込めたような小物たちが飾られ、中には中尾彬さんから描いていただいたという中島さんの似顔絵も。また、床はヨーロッパで見た石畳をイメージしてレンガを円状に

壁やテーブルはシックな色ですが、窓にはめ込まれたステンドグラスから入る自然光で明るい雰囲気。

貼っています。店内を広く見せるための吹き抜けを眺めながら2階に上がると、壁にはある女性デザイナーさんによる動物のようなモチーフが。「何の絵かは不明」という謎めいたところにも心惹かれます。
　ナポリタンの上に牛タンをトッピングするという洒落のきいた「ナポリ舌」、夏季限定の「かくやスパゲティ」などここだけのメニューをぜひ。お好きだという女性ジャズボーカルの曲を流し、中島さんは「コーヒーと音楽を楽しんでもらえたなら」とやさしく笑うのです。

DATA
住 台東区三筋2-24-10
電 なし
営 9:00〜17:30
休 日

PICK UP MENU
コーヒー ………… ¥450
ナポリ舌 ………… ¥1,200

1
裏と表で色違い

1 お店の前には目印となるカラフルな模様の看板が。2 天井にはデザイナーのお客様によるイラストがはめこまれています。3 棚にはVANの社員さんからいただいた小物などが飾られ60年代の雰囲気。4 魚のウロコのようにレンガが並ぶ床。

3

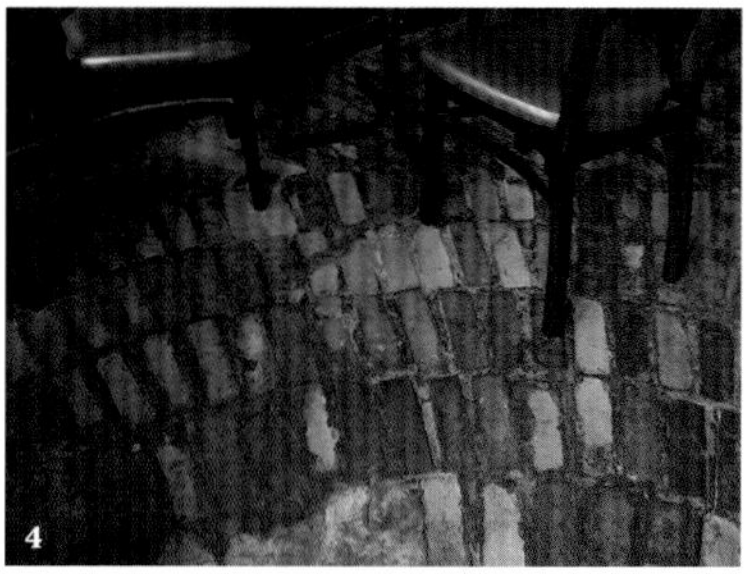
4

2

素敵な模様コレクション 26
ファサード

ストライプ模様はお店の目印にもなっています。裏にも素敵な装飾が隠れているので、軒下で見上げてみてください。

吉祥寺
COFFEE HALL
くぐつ草
since
1979

土壁や木の家具など、手づくりのあたたかさが漂います。当時の劇団員が海外で目にした建物に影響を受けたのだそう。

地下空間でも風通しが良く、緑を感じる店内でくつろいでもらいたいという思いが生んだ小さな箱庭。

仄暗い洞窟に溶け込むような時間を

1979年、吉祥寺に稽古場を持っていた「江戸糸あやつり人形劇団 結城座」の劇団員が、公演の合間に働く場所として開店したくぐつ草。店名の「くぐつ」とは人形つかいのことですが、そこに「草」を足したのは、一説によればお店が地下空間であるため名前だけでも自然を感じるように、という思いがあったからなのだとか。

細い階段を下って重厚な扉を抜けると、目の前に広がるのは洞窟のような、潜水艦のような、不思議な感じを受ける空間。デザインは建築家の鯨井勇《くじらいいさむ》さんです。壁から天井をおおう土壁の凹凸の1つ1つは、劇団員の手作業によるもの。拳やビンの底にタオルをまいて押し付けることでこの模様をつけたそうです。当初はもっと白かったそうですが、あえてコーヒーや紅茶の出がらしによって茶色く着色し、さらに長年の煙草の煙を吸ったことで、現在のような独特な味わいがうまれています。

空いていたら必ず座りたくなるのは、店内奥の箱庭正面の席。自然光に見えるような照明を使用し、地下であっても閉塞感のない空間を演出しています。

開店以来変わらない味が人気の「くぐつ草カレー」と、ネルドリップ式で入れる苦味の強いエイジングコーヒーを味わい、現実からしばし身を隠すように過ごす安息の時間。木のキューブに皮が張られた宝物の地図のようなメニュー表も必見です。

DATA

住 武蔵野市吉祥寺本町1-7-7 島田ビルB1F
電 0422-21-8473
営 10:00～22:00
休 なし

PICK UP MENU

ブレンドコーヒー（フレンチロースト）………… ¥850
くぐつ草カレー……………… ¥1,400

※現在は全席禁煙となりました
※お支払いは現金のみ

1
お店のオリジナル

2

1 シュガーポットや灰皿には、人形にツタがからまった店名のモチーフが。**2** 暖炉風の壁とロッキングチェアがある席は、まるで海外の絵本の1ページ。

素敵な模様コレクション 27

土壁

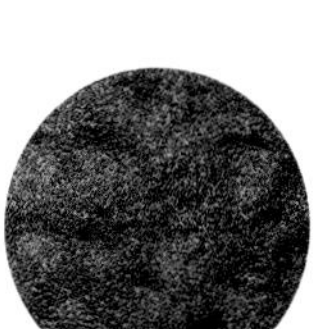

照明に照らされて影をおとす土壁は、見たことのない独特の質感。思わず壁をなでてしまうお客様も多いのだとか。

西新宿

COFFEE HOUSE

MAX

since
1973

都会の喧騒から少し離れて過ごせる場所。
消防法により今ではつくれない木仕上げの天井が、居心地の良さを約束します。

こちらへ行きたい気持ちが猛烈に湧き上がったのは、とある映画のワンシーンがきっかけでした。黄色い文字で大きく「ＭＡＸ」と書かれた光の差し込む窓際の席が印象的だったのです。創業は１９７３年、「24時間人がいる街」を条件にこの場所を選んだそう。当時は盆・正月以外は年中無休の9時から23時までの長時間営業、珈琲をさっと飲んだら店を出る時代で、食事をしない場合はおしぼりも出さない、と回転重視でしたが、現在は17時には完全閉店となり、訪れる人たちが落ち着いて過ごせる場所を目指しているそうです。

店名の印象的なレタリングは、ビールのCMなどを手掛けた著名な方とゴルフに連れ立つ仲だったことから作ってもらったそう。茶色を基調とした店内は一見シンプルですが、じっくり眺めれば眺めるほど細部までこだわっていることが分かります。「長く使えば使うほど、よく造られた空間だなあ、と思うよ」と宮前さんもご自慢の内装。最初にしっかり作りこんだため、想定していた予算の1.5倍かかってしまったそうですが、50年経っても色褪せないのですから結果的に素敵な判断だったのではないでしょうか。店を始めてから一度も病院にかかったことがなく健康、と笑う宮前さんご夫婦。これからもここで珈琲を淹れる姿を見ていられますように、と願うのです。

DATA

住 新宿区西新宿5-6-4
電 03-3373-9277
営 8:00~17:00
休 日

PICK UP MENU

MAXブレンド ¥450
モーニングセット ¥飲み物代+400

歴史が刻まれた、大都会のオアシス

1

もうつくれない一品もの

1 照明も壁のレンガ模様に合わせた特注品。**2** レジ脇の棚や、カウンターの食器棚にも店舗のロゴが入っています。**3** コーヒーはサイフォンで入れています。カウンター越しに眺めるのも一興。

2

3

素敵な模様コレクション 28

レンガの壁

歴史を経て味のある色に変わったレンガの壁。ドラマや映画のロケで使われた際にも、この色が重宝されるのだとか。

店の奥には金色のレリーフが鎮座しています。端が剝がれているのは、常連客がちぎって持って帰ってしまったからだとか。

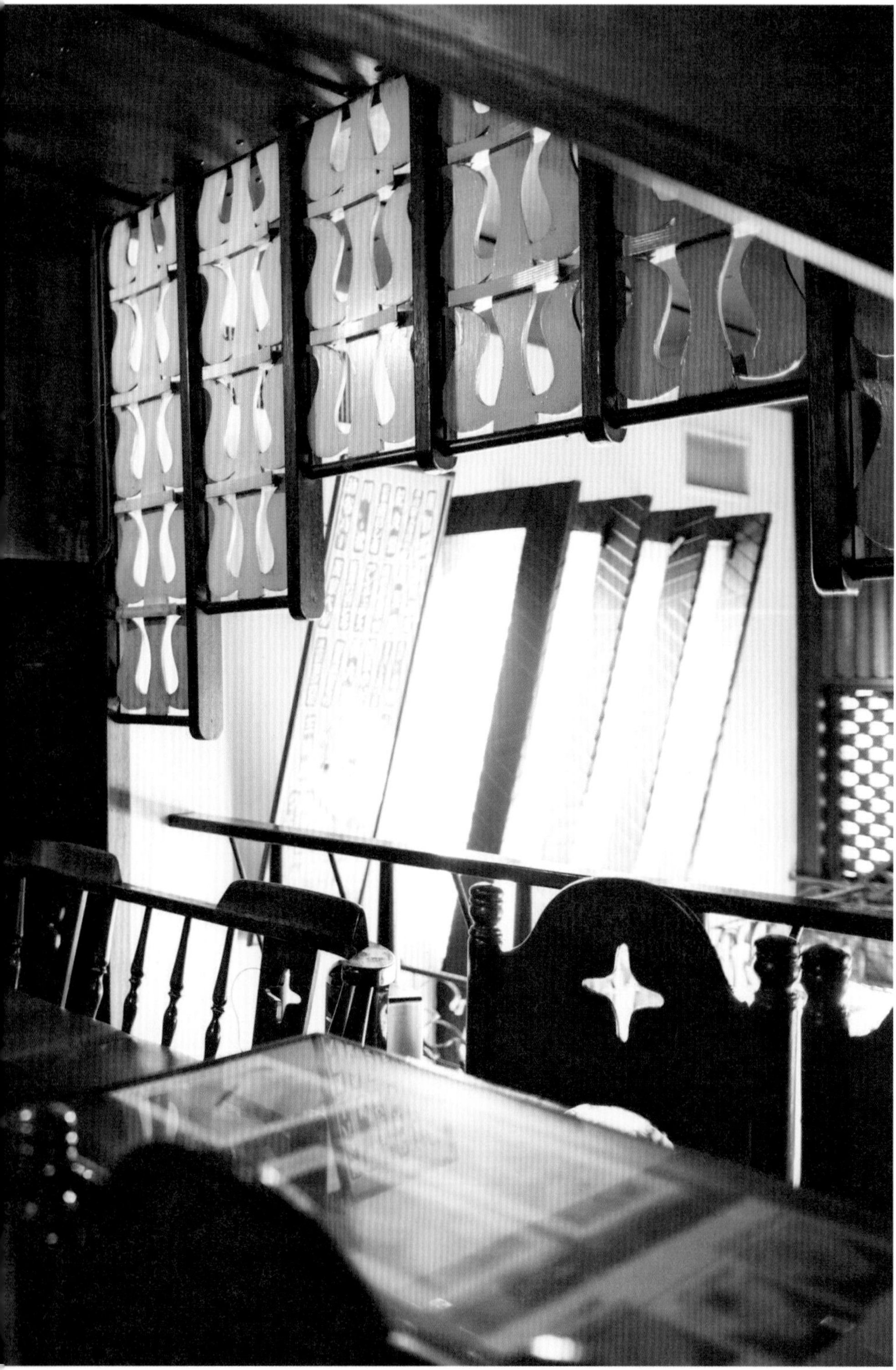

GOOD MEMORIES

今は行けないあのお店

この本が最初に出版されてからの
5年の間に惜しくも閉店や移転をしてしまい、
もう訪れることができなくなってしまった
美しい空間の数々をまとめました。

※2018年7〜9月の取材時の情報を元にしています

閉店

武蔵境

珈琲館
くすの樹

since
1979

小屋組の梁に挟まれた、特徴的な形の「かえるあし」。実は構造上必要のないものですが、設計のこだわりのひとつだったそう。

1 一見木造に見えて、実は鉄骨の骨組みに丸太を割り付けた柱。その力強さが開放的な吹き抜けを支えています。**2** 入り口には、色が美しい花柄ステンドグラスの照明がありました。

開放感ある空間に、ふわりと体も軽く

駅から歩いて行けるお店も良いですが、バスで目指して訪れるのも良いものです。揺られること約10分、散策にちょうど良さそうな緑道の向かいに佇んでいたのは、どこか遠い街にやってきたかのような山小屋風の建物とシャトーの2棟が並んでいたくすの樹。店名はこの場所に生えている樹齢280年にもなる楠からつけられました。かわいらしい外観のデザインは、お店のロゴにもなっていました。

40年ほど前、この近辺にコーヒーを飲める場所がなく、地元の人に憩いの場を提供したいという思いで開業されました。現在2代目を務める下田さんは銀行員として働いていましたが、こだわりの店を営む初代のお父様の姿を子供の頃から見て育ち、それを丁寧に守っていきたいと思い後を継ぐことに。

この美しい建物の設計は当時

3 一からレンガを積んで作られた暖炉に、初代の素敵なコレクションが並びます。4 店内に飾られた鉄製のレリーフは、開店当時からのものです。

素敵な模様コレクション 29

照明

木を井型に組んでランタンをとりつけた特徴的なデザインが印象深い照明。職人の技がつまったこだわりのもの。

紀尾井町に事務所を構えていた丸潟《まるがた》さんによるもの。イギリス留学中に見た王室の会議室に影響を受けているそうです。店の中央に5本並んでいた大きな柱には、今では手に入らないほどの立派なマツ材が用いられていたり、照明も特注のデザインだったりと、こだわりがたくさん。

　窓の外の景色を眺められた1階席、ただぼんやりしたい時には階段を上がった2階席、少し日常から離れて過ごすシャトーでのひと時など、気分によって違う楽しみ方ができたのもこちらの魅力でした。

DATA

・閉店時期
2019年 4月

移転

有楽町

ストーン

since
1966

駅から近く、禁煙席もあるため待ち合わせにも使う人も多かったです。設計はインテリアデザイナー榎本純子さんによるもの。

1,2 当時、椅子は剣持勇氏によるデザインのものを使用していました。その後、新調されましたが、先代のこだわりを引き継ぎ、配色は白と黒のままでした。

石材たちが生む凛とした空気

駅前の有楽町ビルヂング内にあったストーンは場所柄のためか、スーツ姿の方を多く見かけました。その装いに色を合わせたかのような、黒と白を基調としたクールな内装は名前の通り石をモチーフとした珍しい造り。それは元々初代が営んでいた、国会議事堂建設の際も石を卸していたという石材店のショールームを兼ねていたことによるもの。現在3代目を務める奥村さんは、2代目だったお父様が「もう店を閉じることにした」と決めた後に熟考し、継ぐことを決めました。

当時、椅子は世界的に有名なインテリアデザイナー・剣持勇《けんもちいさむ》さんのものを使用していました。また、でこぼことした壁は御影石を使用しているそうです。テーブル上板の分厚いスモークガラスなど、当時の面影を多く残していましたが、コカ・

4

5

3

素敵な模様コレクション **30**

床

一見タイルのように見えるモザイク床は、すべて大理石を割って手でひとつひとつはめこんで作られたもの。

3 カウンター内も奥村さんの言葉通り、古いものと新しいものがミックスされています。
4 天井はカーペットのような素材で個性的。
5 創業当時からある1950年代製のレジスターは入れ物として使われていました。

コーラの冷蔵庫やカフェ風の荷物入れなど、奥村さんのこだわりがつまった新しいものも程よく取り入れられていました。「喫茶店ファンだけではなく、誰もが抵抗なく入れるお店にしたいんです。古いものと新しいものを適度にミックスさせることができるのもストーンのいい所。」と奥村さんがおっしゃるように、看板メニューとなったフルーツサンドが転機となって客層が広がり、老若男女が集う居心地の良い空間を提供する場所として人気でした。

DATA

・閉店時期
2023年 10月
・「ストーンプラス」として場所移転
住 千代田区内幸町2-2-3
日比谷国際ビルヂング地下1F
営 月～金 8:00～18:00
休 土日祝

閉店

西荻窪

COFFEE LODGE
DANTE

since
1965

入口のドアはレンガをイメージ。向かいに建物ができる前は、ガラスのプリズム効果で虹ができることもあったそうです。

1 レンガはあえて使い古したものを使っていました。今のものより丈夫で壊れにくく、深い味わいも出るのだとか。**2** カウンターの端には蓄音機の形をした、かわいらしいランプが。

コーヒーの香りと橙の光を纏いたい

まだ喫煙可能のお店も多い喫茶店業界ですが、こちらは数年前に全席禁煙となり、いつ訪れてもコーヒーの良い香りが漂っていました。店内は吊り下げられた照明のやわらかい光に、ほっとした気分になれる山小屋風。カウンター席が入口よりも1mほど掘り下げられているなど、工夫が施されたつくりは、かつて中野にあった伝説の名曲喫茶クラシックの店主だった美作さんのアドバイスによるもの。内装について相談した際に「限られた空間を広く見せるには、横幅を広くするか、高低差をつけることだ」と教わって参考にしたそうです。

大学生の時にこちらを始めてから50年以上にもなるマスターの吹田さん。喫茶店を始めたのは、お父様が英語の教師をされていたためか、幼い頃からコーヒーを身近な存在に感じていたからなのだとか。カウンターの中にはたくさんのレコードが収められ、音楽好きの吹田さんがその日の気分で選んだ名曲たちを耳にすることができます。ご趣味はオートバイでツーリングに行くことや他の喫茶店に行くことで、特に老舗の喫茶店が多い京都がお好きだそう。「京都はパンも美味しくて好きなんだよねえ」と楽しそうにお話しして下さいました。少し緊張しますが、たまにはカウンター席に座ってコーヒーを片手に、そんな話に花を咲かせるのも楽しい時間でした。

3 旅先などで少しずつ集めたというカップとソーサーたち。 4 上野の古城（▸p.52）にあるものとよく似た磯村電気製のストーブを発見。5 壁の模様は大工さんたちがひとつひとつ削ったもの。

素敵な模様コレクション 31

スイッチのカバー

マスターの吹田さん曰く「たぶん瀬戸焼じゃないかな。」というスイッチカバー。細かい部分にも気が使われています。

DATA

・閉店時期
2021年 8月

移転
押上
カド
since
1958

マスターご自身によって描かれたバラの花と、はめ込まれた絵画が艶美な天井は、まるでどこかの王宮の広間のようです。

1 カウンターの後ろに飾られた絵画の数々はお父様のコレクションの一部で、時折入れ替えていらっしゃるそうです。2 黒を貴重としたシックな空間には目を惹かれる様々なアンティークの品々が。

伊達の文化が息づくハイカラ喫茶

永井荷風が「ラビリント（迷宮）」と呼んだ東向島周辺は、かつて花街だったため、カフェー風の建物や入り組んだ細い路地が残る、どこか懐かしい土地です。その一角にあったカドも扉を開けた瞬間、視界に入る全てのものにうっとりしてしまう艶めかしく美しい空間。初代が英語を学んでいたことや、文化人や芸者さんが多く訪れるという場所柄もあり、内装はヴィクトリアン様式だそう。デザインは先代のご友人だった志賀直哉の弟 志賀直三氏が手掛けたという豪華さです。

マスターは、お父様からお店を継いだ宮地さん。ご自身を「器用なほうだ」とおっしゃるように、服やサンドイッチに使用するパンを手作りするほか、「未再生原形にせずアップデートしていく」ことをポリシーに、店内の改修などを行われたそ

4

5

3

3 ミシンの脚を利用したテーブルも宮地さんのお手製。**4** 扇風機は大正5年式のアンティーク品。**5** 海外の街灯のようなランプは黄色と赤色の2色があります。

素敵な模様コレクション **32**

フェンス

外観からでも見える窓のフェンスはロートアイアン製。店の中からはレースのカーテン越しに見える様子が素敵です。

う。訪れた際には思わず見上げてしまう天井と、足踏みミシンの脚を利用したテーブルには、宮地さんによってバラの花が描かれています。

内装の様式だけでなく、メニューもジュースやサンドイッチが中心で、イギリスの朝食をイメージ。時代を重ねてきたアンティークたちの息吹を感じながら、体が喜びそうな特製活性生ジュースとくるみブルーベリーパンのなすモッツァレラサンドを頂き、当時の街の様子に思いを馳せてみるのはいかがでしょうか。

DATA

・閉店時期
2023年 7月

・2024年移転予定

住 茨城県日立市久慈町3-12-27

休業

東大前

万定
フルーツパーラー

since
1914

NCRの昭和９年製のレジ。9円99銭までしか単位がありませんが、円を千、銭を円に置き換えて使用していました。

壁にところどころついた黒い跡は、髪にポマードをつけた常連の学生が、もたれて本を読んでいた跡。

昼下がりのノスタルジックな時間旅行

自分の暮らす街にこんなお店があったなら…、と訪れるたびに羨ましく思う万定フルーツパーラー。現在店を守るのは3代目の外川さん。その穏やかな笑顔とは裏腹に、海外旅行と運動がご趣味とアクティブな方です。東大のすぐ近くにあるため、「学生さんたちにおなかいっぱいになって欲しい」という思いからカレーライスやハヤシライスを提供するように。この時代にコーヒーやフルーツジュースが300円というお手頃価格なのも嬉しいポイント。

時間の積み重ねを感じるコーヒーミルの色合い、店を継いだときから変わらず使い続けているブラウンとクリーム色の市松模様の床の他、ストライプ柄のモールガラスも必見です。柔らかい光が差し込みますが、外からは店内が見えないため、居心地が良いのです。外川さんが

素敵な模様コレクション 33

床

ブラウンとクリーム色の市松模様がモダンな床は、お店を継いだ時から大切に使い続けられているものです。

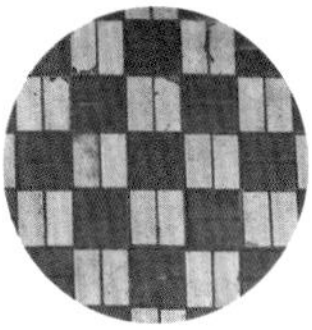

1 ストライプのモールガラスは現在国内では生産されていない貴重なものだそうです。**2** はめ込まれたような木の壁。上の部分は鏡です。**3** どこかのバーのような、カーブが素敵なカウンター。

貼った可愛らしい苺のシールがアクセント。

カレーやフルーツジュースを十分に味わった後は、お会計時に昭和9年製のレジを見るのをお忘れなく。こちらは当時の値段で千円した代物で、今の価格に換算すると数百万の価値がある高級品です。

いつ来ても変わらずほっとできる雰囲気と、お話しするのが楽しい外川さん。かつて通っていた人たちが懐かしさに引き寄せられるのはもちろん、これから常連客になる方も増えていくのでしょう。

DATA

・2019年より休業中

閉店
浅草
アンヂェラス
since
1946

階段の側面の壁に施されていた木工細工が圧巻。落ち着いた内装の店内は、老舗が並ぶ浅草でのひと休みにぴったりでした。

1 椅子やテーブルの背や脚に十字のモチーフが入っているなど、礼拝堂らしい装飾がそこかしこに。
2 柔らかい光が差し込むステンドグラス。

教会風の店内に満ちる文化の薫り

100年を超える老舗が軒を連ねる浅草。平日でも観光に訪れる人たちで賑わう街です。歩き疲れた時にひと休み出来るお店もたくさんありますが、選択肢が多すぎて迷ってしまったとき、おすすめしていたのが創業72年を迎えていたアンヂェラス。元々呉服屋を営まれていた初代の「文豪たちの集まる場所に」という願いのとおり、川端康成や手塚治虫、池波正太郎など名だたる文化人が愛するお店として人気を博しました。

店名は初代の奥様がクリスチャンだったことから、聖母マリアが天使から受胎告知を受けたことを記念するお祈りで朝昼晩の3回鳴らされる「聖なる鐘の音」にちなんで名付けられました。吹き抜けの建物、階段や手すりに施された鳩のモチーフ、椅子やテーブルの十字型のくり抜きなど、店内は礼拝堂を

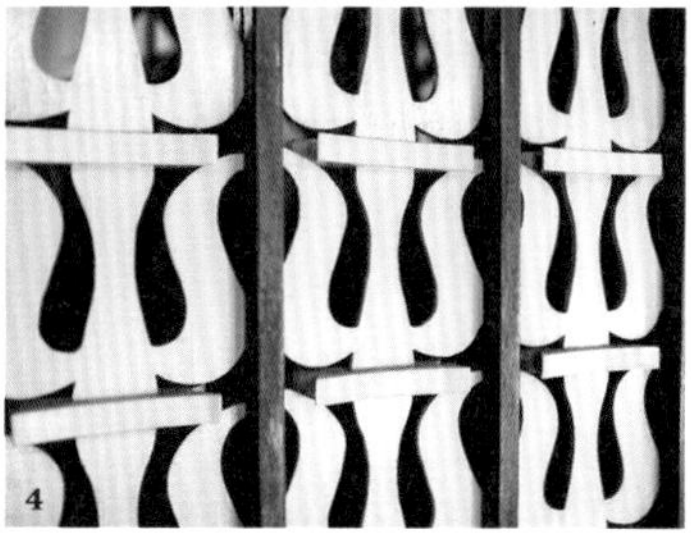

素敵な模様コレクション 34

手すり

3階まで登りきると、ここにも小さな鳩の模様が。中にランプが入っていて、ふんわりとした光が漏れるのです。

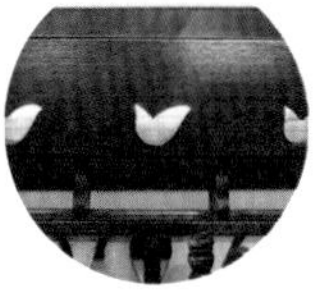

3 ゆるやかなアールが連続した天井が優雅な2階席。**4** 木工細工はカトリックで聖霊のモチーフとして使われる鳩の形。**5** 手塚治虫氏と馬場のぼる氏から贈られたサインは、そのコピーがどのテーブルにも飾られています。

イメージさせるものばかり。階段を上るときに見える電飾も店員さんたちは「天使の輪」と呼ぶのだとか。3階の窓にはオリジナルの鐘の絵柄が描かれたステンドグラスがはめ込まれていて、デートで訪れる恋人たちに特に人気の席でした。

「自分の店の洋菓子が一番好き」と3代目の関田さんがおっしゃるように、職人の方々が愛情込めて作るケーキたちはほっと安心する美味しさ。梅が丸ごと入ったコーヒーに梅酒を入れて飲む「梅ダッチコーヒー」もあまいものに良く合うのです。

DATA

・閉店時期
2019年 3月

閉店

神保町

COFFEE PARK
神田白十字

since
1947

思わず目を奪われてしまう豪華なシャンデリア。その奥に書かれているのはベートーヴェンの「歓喜の歌」の歌詞だそう。

1 堀田さんのお母様が集められた彫刻や絵画といった骨董品があちらこちらに並びます。パーティションもクラシカル。**2** 黒電話は現役で使われているもの。

目を引く白い階段と豪華シャンデリア

創業から約70年が経過してもなお、訪れる人たちをその美しさでうっとりさせていたCOFFEE PARK 神田白十字。特に印象的だったのは、外からもよく目立つステンドグラスがあしらわれた大きな石膏のシャンデリア。昭和に多く建てられた、骨組は和式で見た目は洋式という、ちぐはぐなハリボテ建築を代表するお店です。戦後の廃材を用いてつくられた和風の小屋組や、土壁に漆喰を塗る日本の伝統的な蔵造りの技法が用いられた壁の上からは、石膏やタイルなどで洋風に仕上げられています。設計は芸大の学生に、施工は親戚の宮大工に頼んで、低いコストで建てることができたそう。ヨーロッパ風が流行っていたことから、ウィーンの「カフェ・ツェントラル」をリスペクトした内装になっていました。

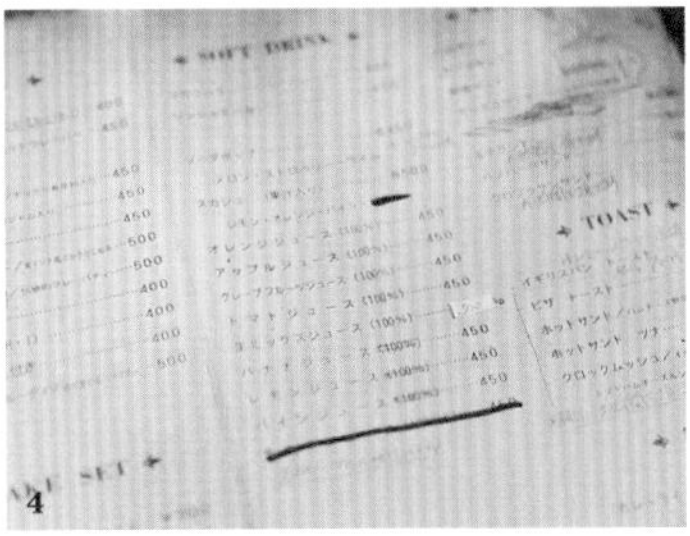

素敵な模様コレクション **35**

天井

2階の天井にはマスターみずから30年前に貼りかえたという壁紙が。よく見ると植物のモチーフがあしらわれています。

3 学生たちや親戚によってつくられた店内には、誰が何をイメージして掘ったかもわからない絵がそこかしこに見られました。 **4** コーヒーの染みやマジックペンで修正された箇所がいくつもある味わい深いメニュー表は30年も前から使い続けてたのだそう。 **5** テーブルには店名通りの白十字が。

学生時代から30年以上お店を支えた2代目の堀田さんが「初代は、かつてブラジル移民のお店だったという『銀座白十字』で修業した」と教えて下さいました。当時、将校たちしか飲めないような高価な飲み物だったコーヒー。銀座白十字では、ブラジルの豆をネルドリップで淹れたコーヒーを出していたそうです。奥行のある店内はいつ訪れても、自分だけのスペースを確保出来ました。本の街を散歩した後はぴかぴかと光る銅板のテーブルに映える赤色のスカッシュなどを飲みながらゆっくりと読書したものです。

DATA

・閉店時期
2019年 12月

移転

代々木

珈琲専門店

TOM

since
1971

当時流行っていたというセピア色のオープンカウンター。時代を経て、ふちはすり減り、まるくなっています。

1 階段裏は隠れ家めいた席。パーティションは木材をろくろで回しながらのみで削ったため、ひとつずつ違う形。**2** 2階のテーブルの上に吊り下げられた照明。

喫茶店文化を知るなら、まずこちらへ

全席喫煙でしたが、喫煙する方としない方が隣り合わないように気遣って下さるのが嬉しかったTOM。1階は白と橙色の控えめな照明に、仕切られたカウンター席とテーブル席。2階は窓から光が差し込む明るい雰囲気で、大人数でも座れるテーブル席があり、広々としていました。

それぞれの階で出迎えて下さったのは古槙親子。1970年頃のコーヒー専門店ブームには、産地別の豆を揃えてサイフォンで淹れ、オープンカウンターで接客する、セピア色の内装の店があふれたそうです。大マスターは「当時よくあった普通の喫茶店」と謙遜されますが、当時の面影を残して営業して下さっていたことはコーヒー文化の歴史を知ることができるという意味でも大変貴重でした。

3 幻灯機を用い、印画紙に焼き付けて描かれた世界地図。4 お客様が下さったり、置いていったりしたものたちがたくさん飾られていた階段。

素敵な模様コレクション 36

カウンターの上や壁

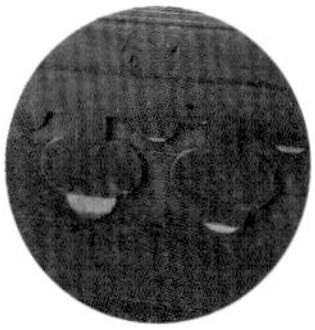

1階のカウンター上部のほか、壁などにもクローバーのような模様が。大工さんたちがベニヤ板を切り出して作ったそうです。

どれだけ世の中が便利になっても、誰かとのふれあいや、おしゃべりの楽しさは決してなくならないもの。少しさみしい時にこちらへやってくれば、話題豊富な古槇親子が楽しい時間を約束してくれました。どのコーヒーを飲もうか迷った時はおすすめを尋ねてみてはいかがでしょうか。洒落の効いた返しに会話が弾んだものです。また、こちらの名物は「ジジロア」（移転後も健在です）。どんなメニューか気になった方はぜひご注文を。誰かとのおしゃべりや1人でぼんやりしたい時は2階の窓際がおすすめでした。

DATA

・閉店時期
2021年 1月

・移転後
住 調布市深大寺東町8-21-3
電 042-485-1740
営 11:00〜20:00
休 不定休

閉店

三ノ輪

コールドンブルー

since
1972

クリーム色を基調とし、自然光も差し込む明るい店内には、長年大切に使われていることが分かるつやつやした飴色の椅子たちが並んでいました。

1 晴れた日の窓際のテーブルでは、差し込む光によってレースのカーテンが影を落とします。**2** 見た目もどこか懐かしい、やさしい甘さのケーキです。

街の人々に愛されるスペーシーな空間

漫画『あしたのジョー』で丹下段平がジムを構えていた、台東区と荒川区の境にある泪橋。その周辺を散策するため、三ノ輪駅の地上へ上がった時に道路の向こう側に見えた青い光が、喫茶室併設の洋菓子店コールドンブルーでした。お店を営んでいたのは吉村さんご夫婦。奥さまのお父様が創業し、お兄様、そして吉村さんへと受け継がれました。朝9時から営業していたので、仕事の前にケーキを買われる方も多かったとか。

設計から椅子や照明といったインテリアまで吉村さんの親戚の方によるもので、ミッドセンチュリーな雰囲気。壁に取り付けられた青色と橙色のまるい照明器具は壊れて電気はつかなくなってしまいましたが、その魅力はなお色褪せません。また天井に取り付けられた、円を3つ組み合わせたモダンな照明や、

素敵な模様コレクション **37**

テーブル

目を凝らしてみると、机にはまるで原稿用紙のような模様が。ただの真っ白ではないところにこだわりを感じます。

3 訪れるお客様にもよく褒められるというデザインの優れた照明。**4** 連なった3つの輪は都会的で洗練された印象です。
5 ショーケースに常時25種類以上並ぶケーキたちは、毎朝ご主人が愛情を込めて手作り。

キッチンのカウンター上方にとりつけられたガラスの照明もそれぞれ魅力的。継いだ時からほぼ変えていないという店内は今見てもセンスの良いものたちばかり並んでいるのでした。
「使う洋酒は少しだけ」というご主人のケーキは、小さな子どもとも一緒に食べられるようにと、心遣いや愛情でいっぱいでした。ご夫婦の素敵な笑顔、そしてあたたかいコーヒーと少しのあまいものは、たとえ訪れた時に少しどんよりしていたとしても、帰る頃には明るい気持ちにしてくれる魔法なのです。

DATA

・閉店時期
2021年 6月

移転

溜池山王

シーザー

since
1967

創業当時から使用されていた家具たちは、
店に合わせて作られた特注品。壁にはお
店のエンブレムが並びます。

1 広い店内がただの食堂に見えてしまわないよう、家具の色合いやライティングを落ち着いたものに。**2** 店頭にある電飾スタンドのメニュー看板。食事メニューが豊富で何をいただくか迷ってしまいます。

2つの空間が調和したスマートな喫茶

「元気の秘訣は好きな洋服を着ることだったりするね。私も真っ赤な服を着て出掛けるの。年齢を気にして遠慮してしまうと、その考えに引っ張られて老けてしまうからね」と豪快に笑うシーザーのママ 吉田さん。常連さんであってもお世辞を言わず、対等に接する態度が心地良いからでしょうか、日に何度もやって来る方もいらっしゃったとか。洋裁学校の先生になる予定だったという吉田さんは、有楽町にある交通会館で「路《みち》」というスナック喫茶を営まれた後、こちらを開店し、50年以上お店を続けていました。

44坪もある広い店内は、「そのままだと、ただの食堂に見えてしまう」という理由からアクリル板で仕切られ、雰囲気の違う2つの空間に。手前の空間は琥珀色で明るく、奥の空間は黒と赤で統一されクラシカルな雰

3 看板に書かれた店名のフォントに、思わず心がときめきます。 4 パーティションには植物の飾りが。

素敵な模様コレクション 38

床

石のような模様がつけられた、大小のカラフルな四角形がモザイクになった床。イタリア製のものだそうです。

囲気。壁にある職人さんによる木彫りのオリジナルエンブレムが特徴的でした。

　お母様の影響で小さい頃からコーヒーに馴染みがあったという吉田さん。そのことから喫茶の道に進まれたのかもしれません。ちなみにアイスコーヒーは1日寝かせることがポイントだそうです。日に200人以上が訪れた人気店ですが、夜は比較的ゆっくり過ごすことが出来ました。吉田さんのこだわりで店内のBGMはビートルズのみ。落ち着いた夜に物思いに耽る時間の楽しさは格別でした。

DATA

・閉店時期
2023年 7月

・2024年3月にレストラン「洋食 シーザー」として移転予定

住 神奈川県横浜市中区海岸通り1-1

電 045-264-6755

※「喫茶 シーザー」も移転検討中

おわりに

めくるめく純喫茶の世界はいかがでしたか？ お好みの内装に出会えましたでしょうか？「純喫茶が気になるものの、まだ訪れたことがない」という人たちから「何となくハードルの高さを感じてしまう」という声をよく耳にするのですが、十数年前の自分も同じように感じていたことがあったのでその気持ちはとてもよく分かります。どんな店内なのだろうか、常連さんたちが楽しんでいる中で自分が座っていても迷惑にならない席はあるだろうか…そんな不安な気持ちになることも。初めのうちはあらかじめＳＮＳなどを活用して店内の様子を知ってから訪れると少し気が楽になるかもしれません。そして慣れてくると、「今日は扉の向こう側にどんな世界が広がっているのだろう？」と、かえって未知との出会いを楽しめるようになってくるのです。

路面にあるのかビルの中なのか、またお店の広さや席数、窓の有無・大きさ、椅子やテーブルの素材・形・色、照明の形・明るさ、壁の模様・手触り、天井のデザイン・高さ…。それぞれお店の方々のこだわりによって組み合わされていて、１つ欠けただけでもバランスが崩れてしまうほど計算し尽くされたデザインは、訪れる人たちに毎回新鮮な驚きと楽しみを与えてくれるのです。コーヒーを片手にぐるりと店内を見渡しながら「自分だったらどんな内装にするだろう？」と空想することは単純に楽しく、また部屋の模様替えなどをする際の大きなヒントにもなることでしょう。

私が純喫茶の世界に夢中になった理由の一つに「日替わりの自分の部屋として純喫茶へ行けば、活きている昭和の雰囲気とインテリアが楽しめる」ことがあります。今でも純喫茶への情熱が続いているのは、1つとして同じ空間がないという面白さにいつまでも惹きつけられているからです。

本著を作るにあたって、ご多忙にも関わらず、にこやかな笑顔で取材や撮影に応じて下さったお店の皆さまに心よりお礼申し上げます。暮らしていく中で「良いことばかり続く」ということはきっと稀でしょう。日によっていろいろなことがあり、時には躓きながらも、私がどうにか翌日に笑うことが出来ているのは、純喫茶という場所が存在してくれているという事実がとても大きく、いつ訪れてもあたたかく出迎えて下さる皆さまには感謝してもしきれません。昭和の頃とは時代背景も変わり、純喫茶として営業を続けていくことがどれだけ大変かということも取材を通じて自分なりに感じています。そして同時に、素晴らしい職業であること、またお店の方々がご自分の店を大切に思い、喫茶業に誇りを持っているということについても強く実感しています。

日常の慌ただしさからしばし非日常へ連れ出してくれる魅惑的な店たち。さあ、本日はどちらの純喫茶にお邪魔しましょうか？

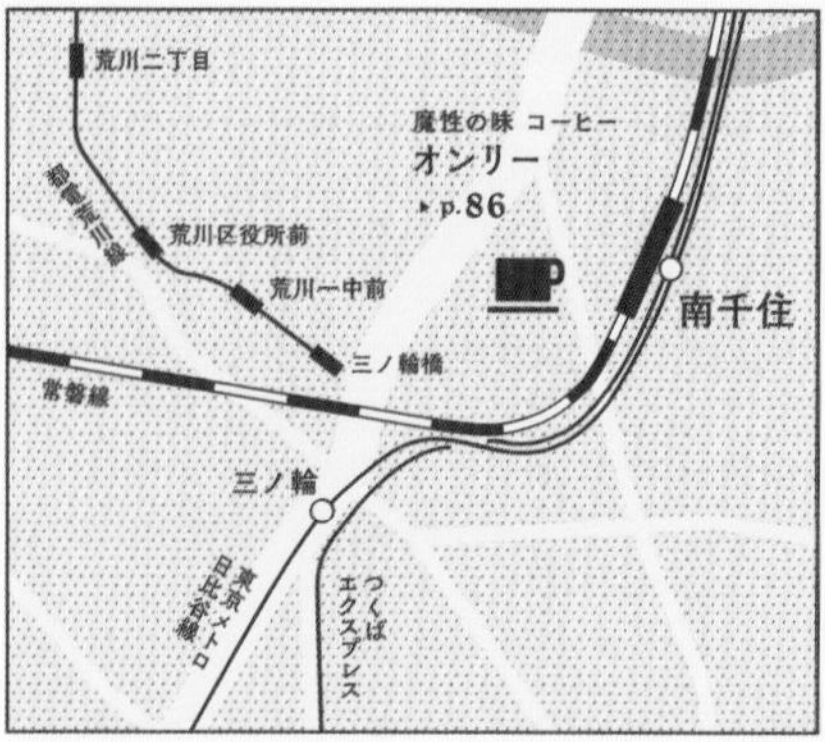

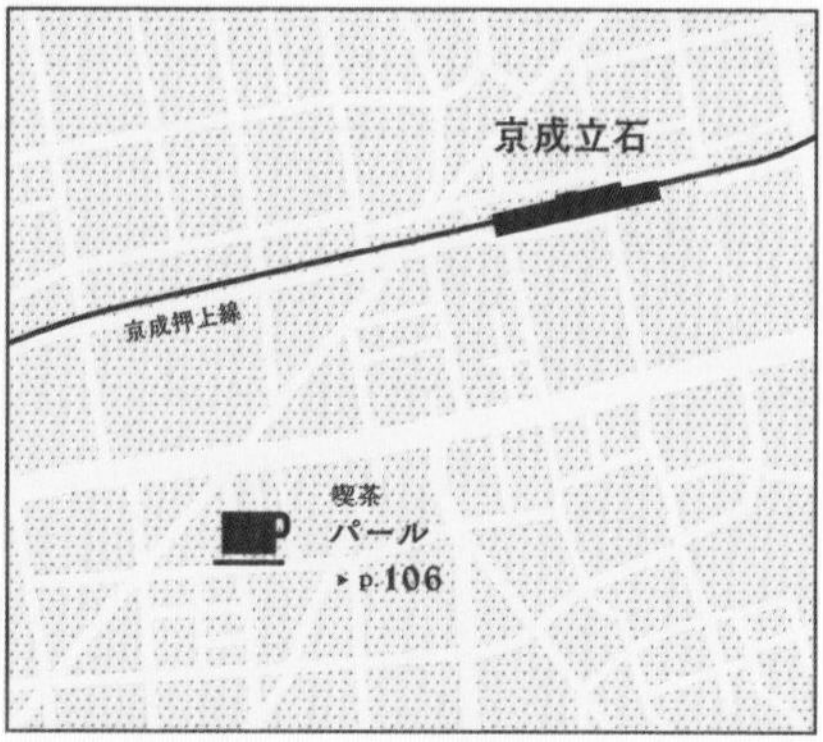

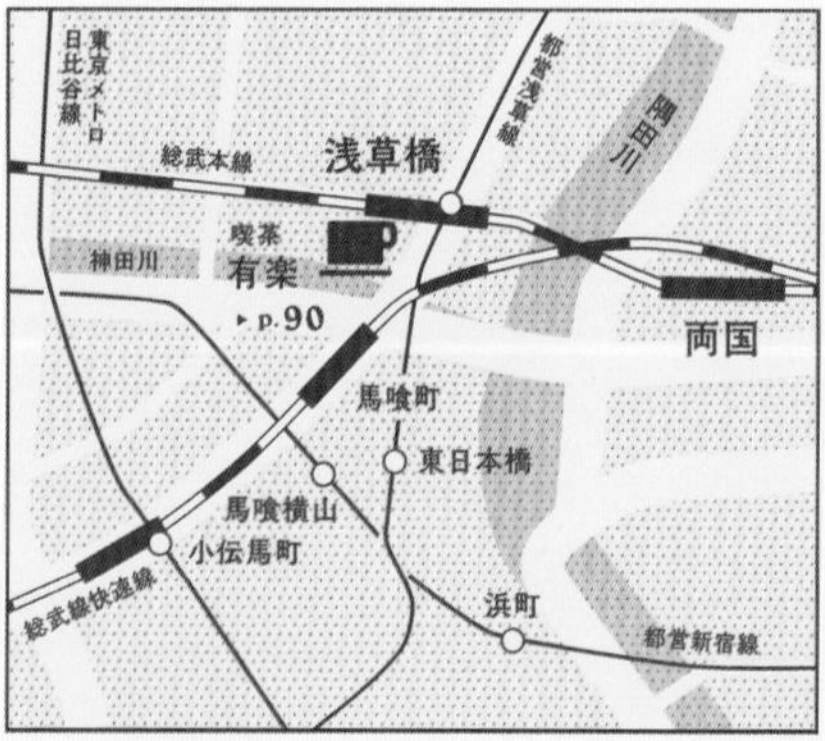

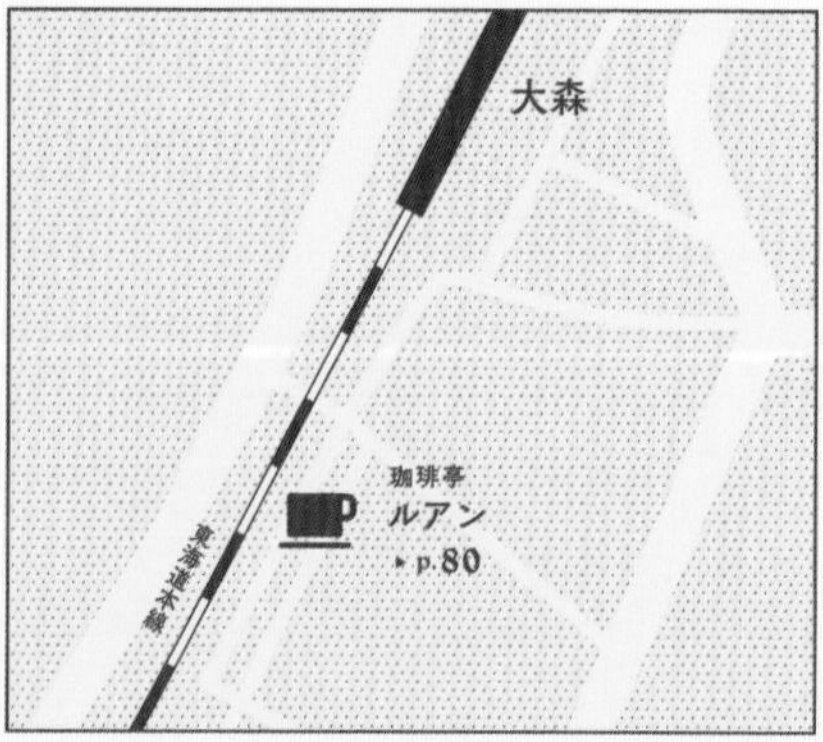

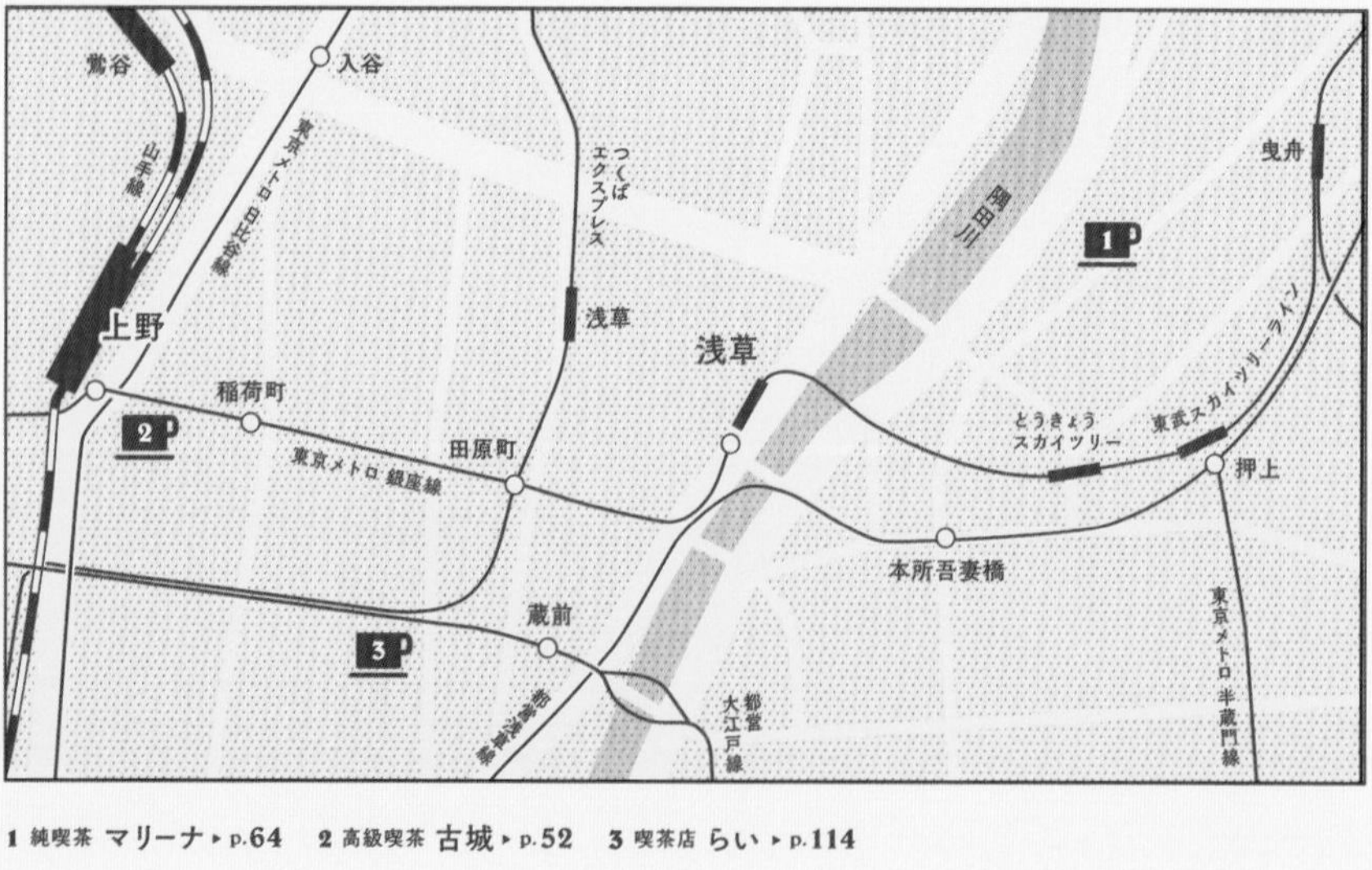

1 純喫茶 マリーナ ▸p.64　2 高級喫茶 古城 ▸p.52　3 喫茶店 らい ▸p.114

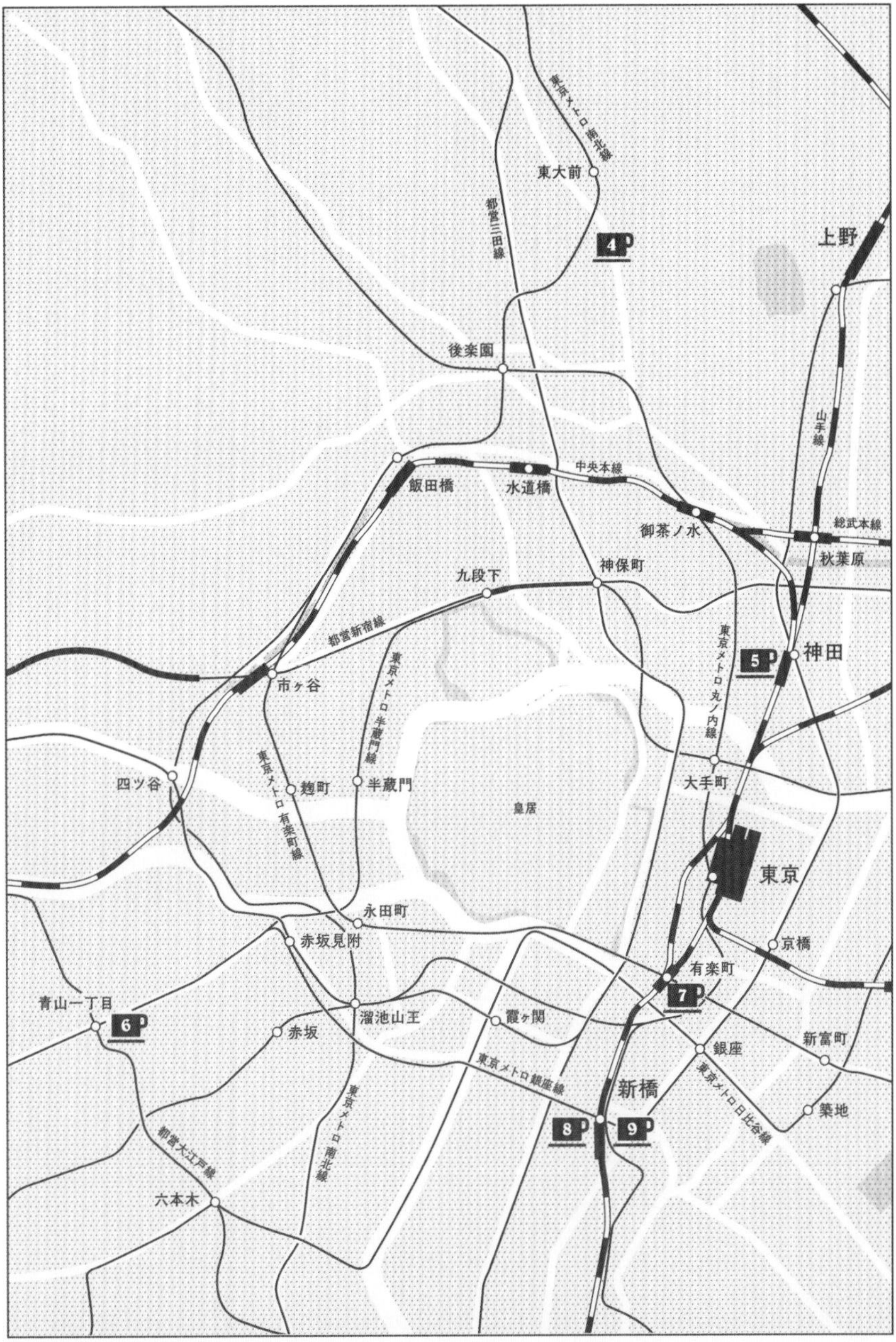

4 こころ ▸ p.30　5 珈琲専門店 エース ▸ p.56　6 エルグレコ ▸ p.68　7 **ROYAL** ▸ p.34
8 フジ ▸ p.110　9 パーラー キムラヤ ▸ p.102

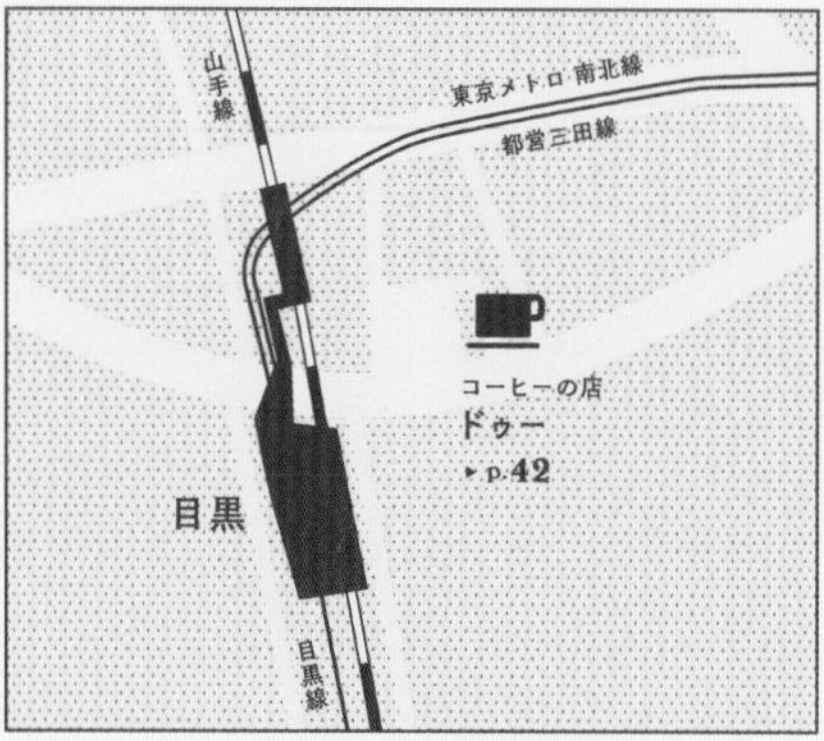

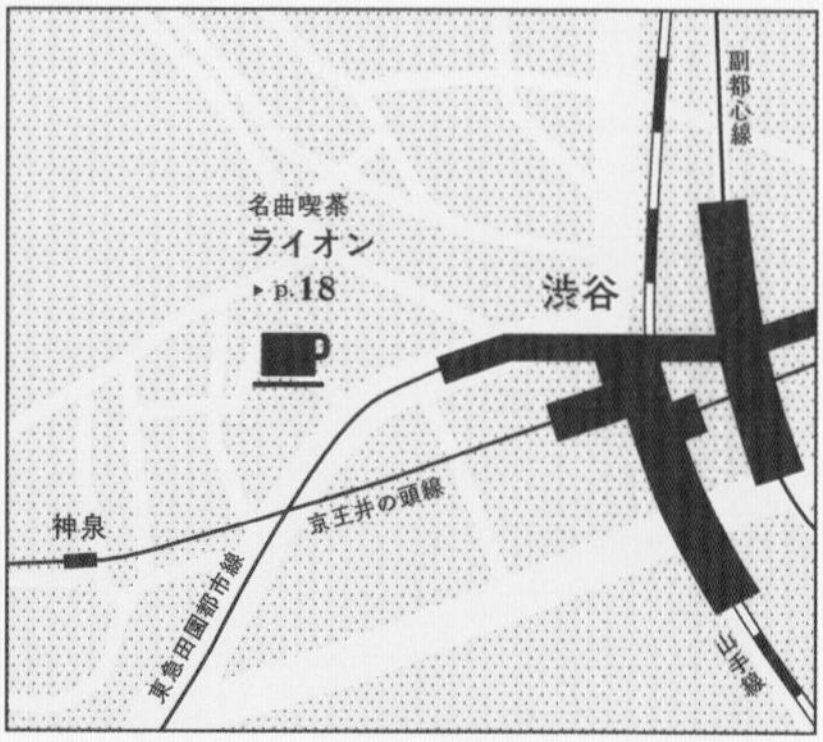

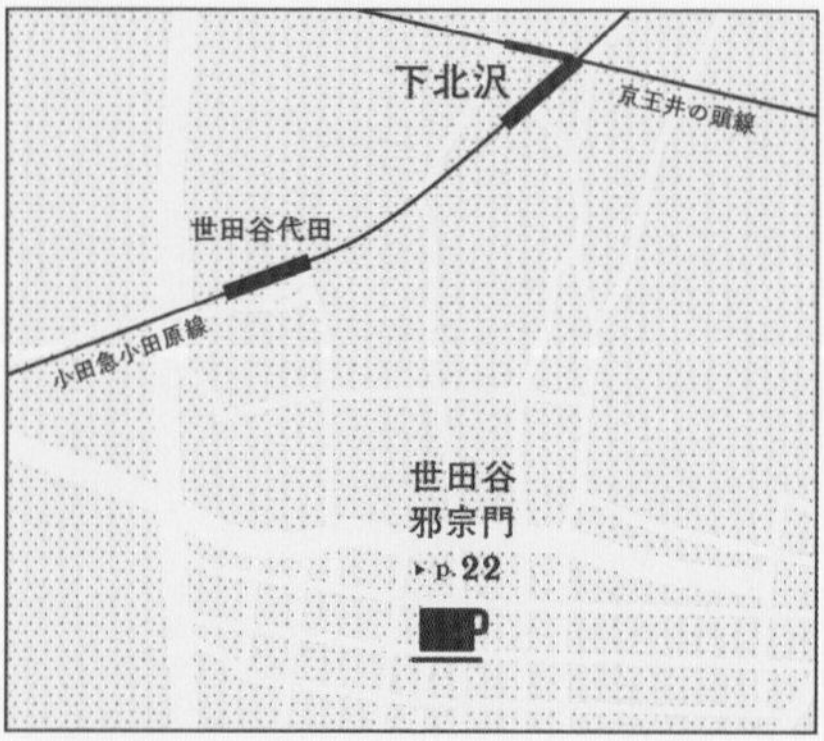

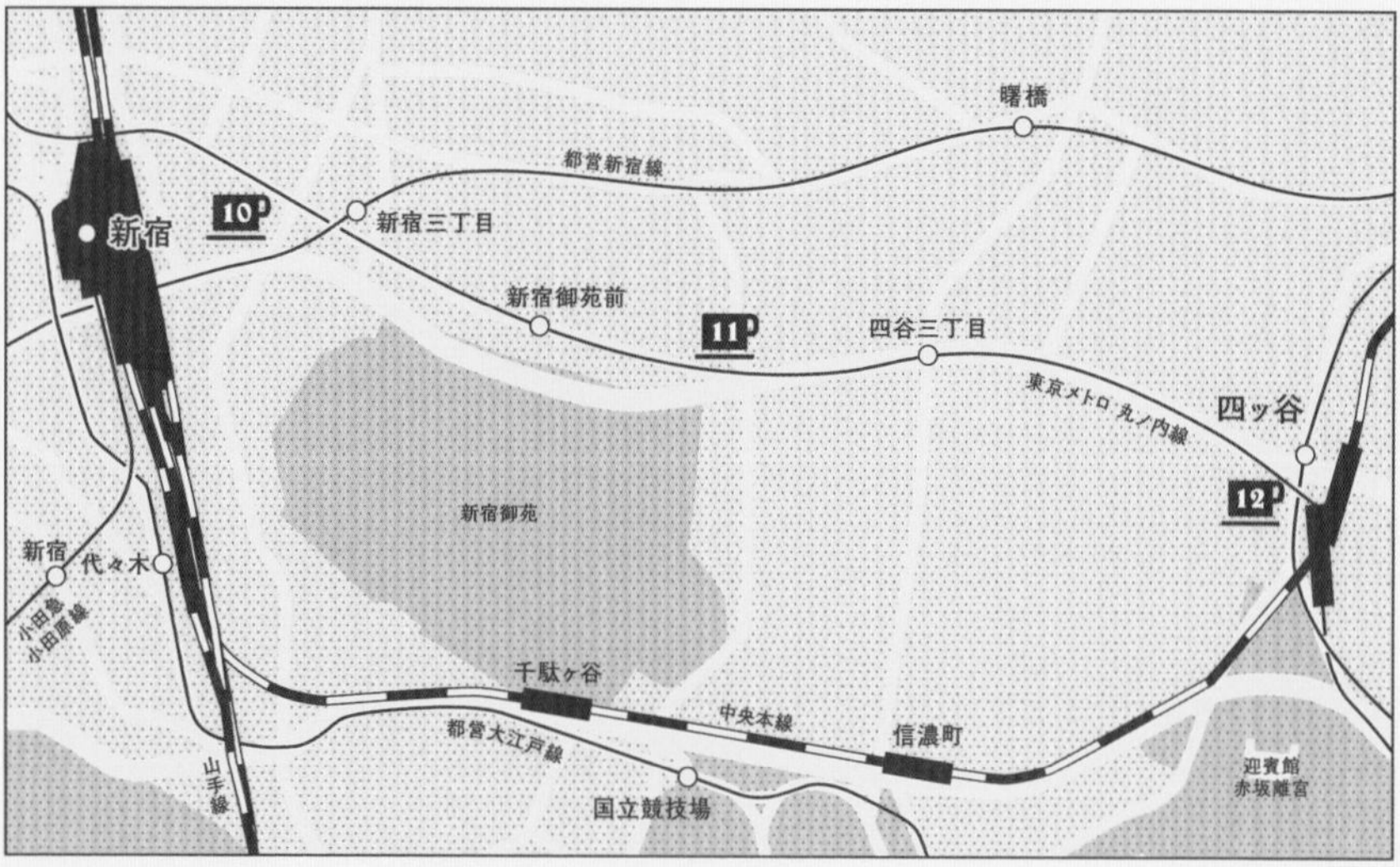

10 名曲・珈琲 新宿 らんぶる ▸p.10　**11** 騎士道 ▸p.94　**12** ロン ▸p.26

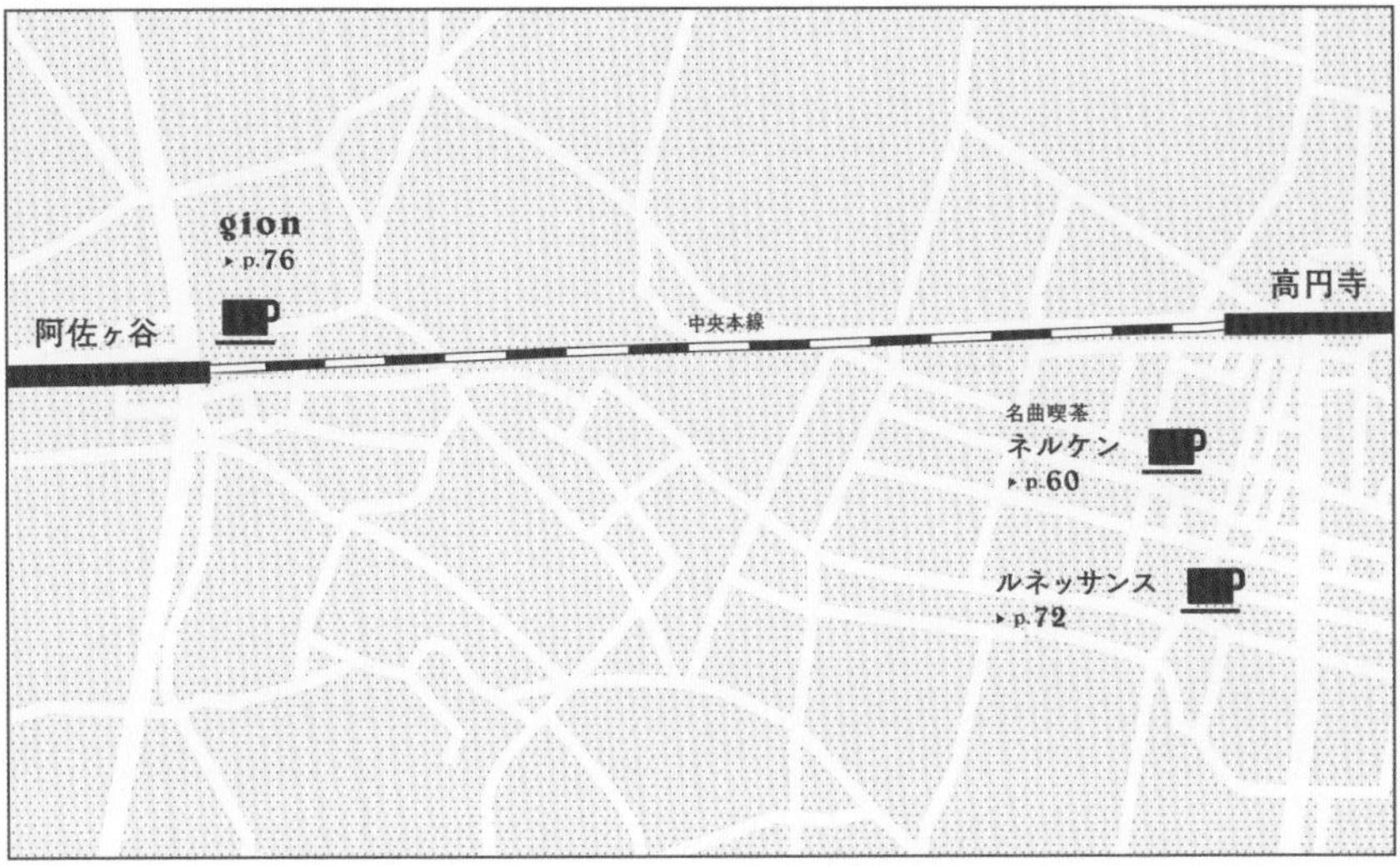
gion
▸ p.76
阿佐ヶ谷
中央本線
高円寺
名曲喫茶
ネルケン
▸ p.60
ルネッサンス
▸ p.72

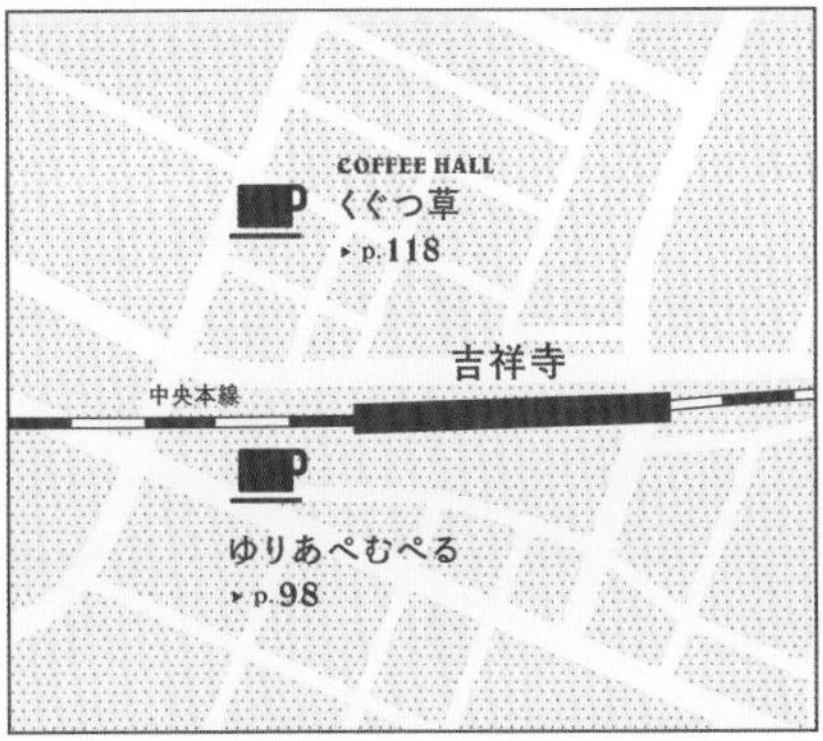
COFFEE HALL
くぐつ草
▸ p.118
吉祥寺
中央本線
ゆりあぺむぺる
▸ p.98

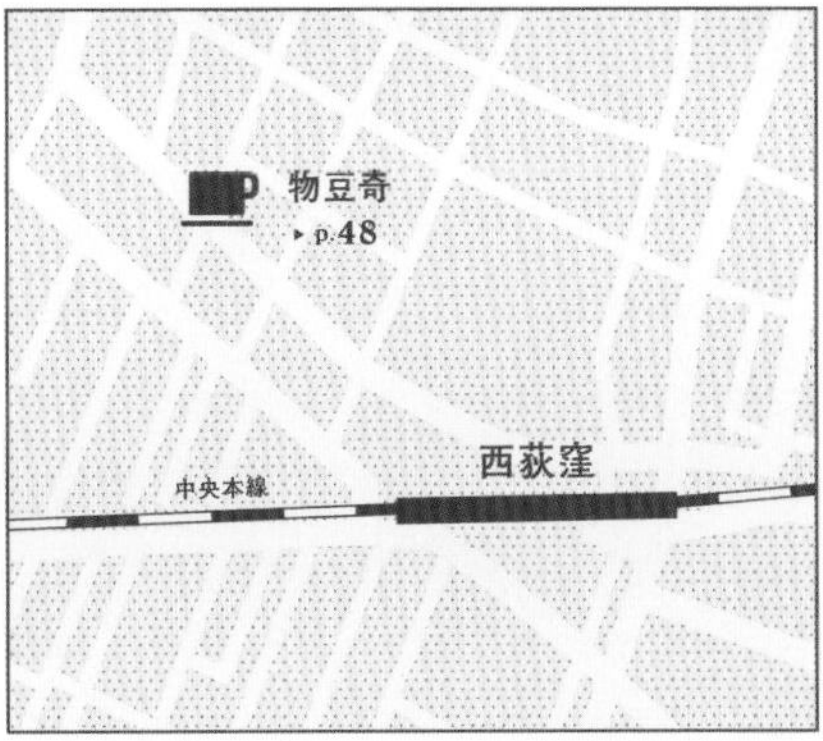
物豆奇
▸ p.48
西荻窪
中央本線

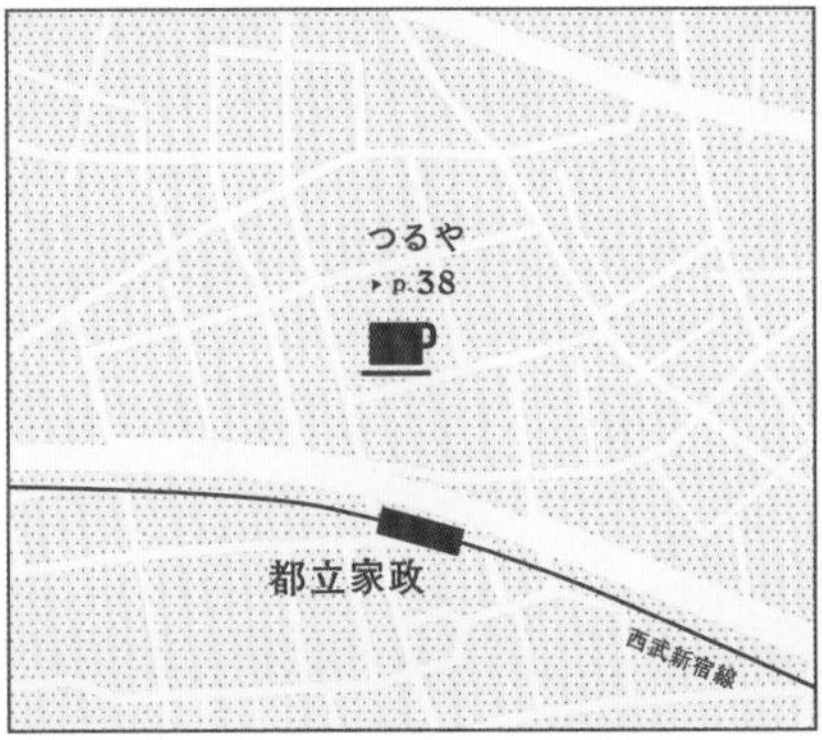
つるや
▸ p.38
都立家政
西武新宿線

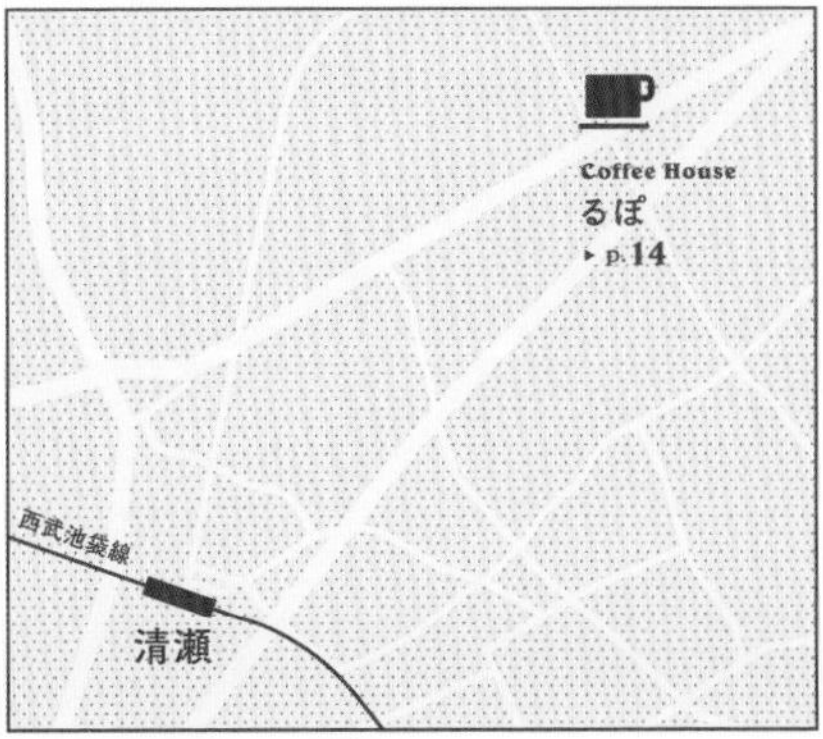
Coffee House
るぽ
▸ p.14
西武池袋線
清瀬

難波里奈

Nanba Rina

東京喫茶店研究所二代目所長。ひたすら純喫茶を訪ねる日々を過ごす。「昭和」の影響を色濃く残すものたちに夢中になり、当時の文化遺産でもある純喫茶の空間を、日替わりの自分の部屋として楽しむようになる。ブログ「純喫茶コレクション」から始まり、純喫茶にまつわる書籍は12冊となる。最新著書としては2023年8月発売『純喫茶とあまいもの 名古屋編』（誠文堂新光社）。純喫茶の魅力を広めるためマイペースに活動中。

純喫茶のデコレーション

こだわりのインテリアたち

2024年3月4日　初版第1刷発行

著者
難波里奈

発行者
三輪浩之

発行所
株式会社エクスナレッジ

〒106-0032 東京都港区六本木7-2-26
https://www.xknowledge.co.jp/

問合せ先
編集　TEL 03-3403-1381　FAX 03-3403-1345　info@xknowledge.co.jp
販売　TEL 03-3403-1321　FAX 03-3403-1829